ELOGIOS A
PARA O INFERNO COM A CORRERIA

"Meu amigo Jefferson Bethke é brilhante e demonstra em sua vida e família o que escreve nestas páginas. E está funcionando. É inspirador e convincente assistir alguém prosperar se soltando quando a cultura quer segurá-lo, e descansando quando ela diz que é para correr. Viver, trabalhar e descansar como Jesus é o desejo de muitos corações (inclusive do meu) e Jeff está nos guiando para essa vida."

— *Annie F. Downs, autora do grande sucesso 100 Days to Brave e apresentadora do podcast That Sounds Fun*

"Você já se sentiu como se precisasse trabalhar mais, dar mais tempo para seguir em frente ou fazer tudo ao seu alcance para ser o melhor? Essa é a correria. Ela pode empurrar você para lugares que não quer ir, e eu já fui lá mais vezes do que gostaria de admitir. Em seu mais novo livro, *Para o Inferno com a Correria*, Jefferson Bethke ajudará você a entender porque a correria pode parecer tão sedutora, além de mostrar como evitar as armadilhas em nossa cultura e encontrar a verdadeira alegria em buscar Cristo em vez disso."

— *Craig Groeschel, pastor da Life.Church e autor da lista dos mais vendidos do New York Times*

"Se alguém tem propriedade para falar sobre tirar a "correria" de nosso vocabulário, ele é Jefferson. Eu o vi praticar o que prega sobre isso, então as palavras neste livro não são aleatórias. Este livro desafiará você a viver uma vida que depende de Deus."

— *Jennie Allen, autora de Nothing to Prove, fundadora e visionária do IF: Gathering*

"O *Para o Inferno com a Correria* nada mais é do que o remédio para nossa cultura da correria. Todos estamos correndo, mas o que estamos propriamente realizando? Qual o preço da correria nas nossas almas? Leia este livro. Jeff ensinará a você a melhor forma de encontrar a vida que está procurando."

— *Dr. Derwin L. Gray, autor de Limitless Life: You Are More than Your Past When God Holds Your Future*

PARA O INFERNO COM A CORRERIA

PARA O INFERNO COM A CORRERIA

JEFFERSON BETHKE

ALTA BOOKS
GRUPO EDITORIAL
Rio de Janeiro, 2023

Dados Internacionais de Catalogação na Publicação (CIP) de acordo com ISBD

B562p   Bethke, Jefferson
      Para o Inferno com a Correria: Os Benefícios das Interações em um Mundo de Desconfiança / Jefferson Bethke ; traduzido por Luciana Palhanos. - Rio de Janeiro : Alta Books, 2023.
      224 p. ; 16cm x 23cm.

      Tradução de: To Hell with the Hustle
      ISBN: 978-85-5081-539-8

      1. Religião. 2. Espiritualidade. I. Badim, Flavio. II. Título.

2022-1417
                 CDD 200
                 CDU 2

Elaborado por Vagner Rodolfo da Silva - CRB-8/9410

Índice para catálogo sistemático:
1. Religião 200
2. Religião 2

Produção Editorial
Editora Alta Books

Diretor Editorial
Anderson Vieira
anderson.vieira@altabooks.com.br

Editor
José Ruggeri
j.ruggeri@altabooks.com.br

Gerência Comercial
Claudio Lima
claudio@altabooks.com.br

Gerência Marketing
Andrea Guatiello
andrea@altabooks.com.br

Coordenação Comercial
Thiago Biaggi

Coordenação de Eventos
Viviane Paiva
comercial@altabooks.com.br

Coordenação ADM/Finc.
Solange Souza

Direitos Autorais
Raquel Porto
rights@altabooks.com.br

Produtor Editorial
Thales Silva

Produtores Editoriais
Illysabelle Trajano
Maria de Lourdes Borges
Paulo Gomes
Thiê Alves

Equipe Comercial
Adriana Baricelli
Ana Carolina Marinho
Daiana Costa
Fillipe Amorim
Heber Garcia
Kaique Luiz
Maira Conceição

Equipe Editorial
Beatriz de Assis
Betânia Santos
Brenda Rodrigues
Caroline David
Gabriela Paiva
Henrique Waldez
Kelry Oliveira
Marcelli Ferreira
Mariana Portugal
Matheus Mello

Marketing Editorial
Jessica Nogueira
Livia Carvalho
Marcelo Santos
Pedro Guimarães
Thiago Brito

Atuaram na edição desta obra:

Revisão Gramatical
Fernanda Lutfi

Tradução
Luciana Palhanos

Copidesque
Kathleen Miozzo

Diagramação
Daniel Vargas

Capa
Marcelli Ferreira

Editora afiliada à: ASSOCIADO

ALTA BOOKS
EDITORA

Rua Viúva Cláudio, 291 – Bairro Industrial do Jacaré
CEP: 20.970-031 – Rio de Janeiro (RJ)
Tels.: (21) 3278-8069 / 3278-8419
www.altabooks.com.br – altabooks@altabooks.com.br
Ouvidoria: ouvidoria@altabooks.com.br

Para Lucy, Kannon e Kinsley
Rezo para que o caminho de Jesus continue a se tornar sua maior
busca e tesouro final à medida que vocês
crescem, dia após dia.
Com amor, papai.

SOBRE O AUTOR

Jefferson Bethke é o autor dos best-sellers do *New York Times Jesus > Religion* e *It's Not What You Think*. Junto com sua esposa, Alyssa, ele apresenta o podcast *The Real Life* toda semana e seus vídeos no YouTube são assistidos por centenas de milhares de espectadores mensalmente. Eles também cofundaram a *Family Teams*, uma iniciativa online que ajuda famílias a viver o projeto de Deus, preparando e encorajando-as a construir uma equipe multigeracional de missionários (em todas as suas diferentes expressões). Eles vivem em Maui com sua filha, Kinsley; seu filho, Kannon, sua nova bebê, Lucy, e seu cachorro, Aslan. Para dar um "'oi", ou saber mais informações, visite o site: http://jeffandalyssa.com.

AGRADECIMENTOS

Uma coisa que muitas pessoas que gastam dez dólares ou mais em um livro e o terminam em algumas sessões de leitura não tendem a perceber é o quanto um livro publicado é um trabalho de amor, e quantos anos e pessoas foram necessários para que ele chegasse às suas mãos. Para ajudar a sua imaginação com alguns rostos e nomes, saiba que, sem as pessoas abaixo, este livro não estaria em suas mãos (e espero que você esteja gostando! Caso contrário, culpe as pessoas abaixo e não a mim, obviamente.)

Alyssa e as crianças — obrigado por me ouvirem tagarelar sobre essa ideia e todas as suas diferentes etapas (de apenas uma ideia para "e quanto a isso?" até os muitos rascunhos antes de chegar ao produto final). Nós realmente somos uma equipe e sou grato pelo quanto você e as crianças me permitiram dar o primeiro passo neste chamado e vocação de escrever, por todo o apoio de vocês e trabalho em equipe!

Curtis, Mike e a toda a equipe da Yates — vocês foram mais do que maravilhosos comigo! Obrigado por defenderem tanto as ideias e os projetos com os quais me importo. Eu não seria um escritor ou faria isso sem vocês, e é uma alegria contar com todos como família!

Angela — honestamente, este livro seria muito ruim e bagunçado sem suas geniais habilidades de nível Jedi para formatar, editar e ignorar minhas ideias terríveis (obrigado!) e muito mais. É uma honra trabalhar com você, e Alyssa e eu somos muito gratos pela sua amizade!

À equipe Nelson — a essa altura, vocês todos são como uma família. Após 4 livros e 7 anos, mal posso acreditar que conto com o trabalho de uma equipe de tanta qualidade, que cria e publica alguns dos melhores e maiores livros do mercado! É uma honra trabalhar com vocês por todos esses anos, formando amizades e com essa sensação de família que tenho com todos. Para Jenny, Janene, Brian, Karen, Tim, Jamie, Rachel, Kathie, Jamekra e muitos outros. Vocês são OS MELHORES!

Para minha mãe — obrigado por ser a melhor mãe. Você verdadeiramente me impactou muito ao longo dos anos e eu não seria quem sou hoje sem você. Você me ensinou a trabalhar arduamente, honrar os outros e viver com integridade pelo seu exemplo, e por isso estou em dívida e sou grato. Amo você!

Para nossa comunidade de Maui — vocês sabem de quem estou falando! Por me ouvir trabalhar nesta ideia em jantares tarde da noite e comendo s'mores em nosso quintal, agradeço por suas orações, apoio e torcida de sempre!

SUMÁRIO

Um Tempo Para Resistir   *xv*

1. Estamos Sendo Formados, Goste Disso Ou Não   1
2. Este Sempre Foi O Foco   29
3. Música Do Caos   53
4. Por Que O Silêncio É Tão Barulhento?   69
5. O Poder Do Não   89
6. O Dom Do Deserto   115
7. Um Dia De Resistência   141
8. Empatia   163

Qual É O Caminho Depois Daqui?   *185*

Notas   *189*

UM TEMPO PARA RESISTIR

Nós dois estávamos no sofá. Ela estava chorando. Foi aí que ouvi: "Você devia ter casado com outra pessoa!"

Eu me levantei e comecei a andar de um lado para o outro. "Você está falando sério agora?" Essa é uma pergunta que jamais ajudou qualquer situação conjugal desde os primórdios da humanidade.

É muito difícil ouvir sua esposa dizer que gostaria que você tivesse casado com outra pessoa. É ainda mais difícil quando, por um segundo, você acha que ela pode estar certa.

Não estaríamos nesta situação se eu tivesse feito isso.

Mas não *queria* me casar com outra pessoa. Acredito que Alyssa é um presente de Deus e uma representação física da graça para mim. Porém, naquele momento, com certeza a vida teria sido mais fácil se eu tivesse casado com alguém um pouco mais parecido comigo. Por que ela tinha que ser tão diferente? Contudo, lá estávamos nós, casados há 4 anos, com uma filha de 2 anos e um bebê dormindo no outro quarto, sentindo como se nossas vidas nos sobrecarregassem e pesassem sobre nós.

Repetidamente enfrentávamos o mesmo problema. Na hora de tomarmos decisões sobre compromissos pessoais e profissionais futuros, terminava em briga. Isso era exacerbado por nós dois estarmos esgotados e sobrecarregados a maior parte do tempo. Criar crianças pequenas, trabalharmos como autônomos e ainda precisar nos alimentar três vezes por dia era mais do que o suficiente para nos manter ocupados, sem adicionar um conflito conjugal recorrente à confusão. Este era o ponto crucial: quando estou desanimado, esgotado e cansado, meu comportamento-padrão é "vamos em frente", enquanto Alyssa adota uma postura de "vamos parar". Nessas horas, tendo a negligenciar qualquer atenção cuidadosa porque estou exausto. Sinto-me muito cansado para tomar decisões e, portanto, digo apenas "sim". Alyssa é o oposto: quando sente-se esgotada, ela fica ansiosa e, para evitar se sentir desanimada ou sobrecarregada, ela automaticamente diz não para quaisquer novas demandas. Então, durante os primeiros anos de nosso casamento, minha sensação era a de que ela estava me reprimindo, e ela se sentia como se eu estivesse a intimidando com todas as minhas ideias, sonhos e meu ritmo acelerado. Sentia-me confuso porque pensava que estávamos fazendo tudo o que deveríamos fazer. Nós nos casamos, tivemos filhos, arrumamos empregos e trabalhamos duro — todos os marcos culturais aparentemente apropriados eram feitos nos momentos culturalmente apropriados (casamos aos 23 anos, tivemos filhos aos 25, arrumamos empregos significativos e agradáveis aos 22 e compramos uma casa aos 25). Íamos à igreja toda semana. Líamos nossas Bíblias e rezávamos. Estávamos fazendo todas as coisas certas, mas com certeza não *sentíamos* que estava tudo certo. Em vez de sentimentos de satisfação e alegria, sentíamos cansaço, chateação, ansiedade e estávamos no limite.

Por que parecia que o que nós pensávamos que devíamos fazer era justamente o que estava causando essa desilusão?

Era como se estivéssemos tentando construir uma vida na lua. Se você já viu o famoso vídeo de Neil Armstrong aterrissando na lua, sabe que quando se está lá não se tem uma base firme. Não existe gravidade segurando você. É meio que como flutuar — e o perigo é que, se não estiver preso a nada, você flutuará no espaço para sempre.

Nós, como humanos, não fomos feitos para flutuar no espaço. Fomos feitos para viver com nossos pés no chão, por assim dizer. Presos e conectados a algo que possa nos fixar à terra.

Mas, por causa de expectativas irreais, muitos de nós estamos construindo nossas vidas e famílias na lua, e flutuando pelo espaço sem perceber isso.

Depois de apenas uma década ou duas vivendo à altura dessas expectativas culturais, muitos de nós olham para trás e percebem que não podemos encontrar o significado pelo qual pensávamos estar lutando. Estamos com pressa, correndo em direção a um túmulo vazio. Sem vida. Menos humano.

Porque estamos mais ocupados. Mais desvairados. Mais desconectados. Mais solitários.

Mas e se a correria for, de fato, o que nos leva a esse ponto?![1] E se ela não for a solução, mas o problema?! E se a correria for um contágio que passa por nossas veias de forma sutil e sem percebermos? Mais cedo ou mais tarde, veremos os sintomas.

Na verdade, acho que estamos começando a ver.

Mas vamos voltar atrás.

Nos últimos cem anos, mais ou menos, fizemos incríveis avanços em dispositivos que poupam trabalho e produção; E, em princípio, eles eram tão enormes que as pessoas sequer poderiam prever o que faríamos com todo o "tempo livre" que criaríamos para nós mesmos. Em 1915, o economista John Keynes disse: "Pela primeira vez desde sua criação, o homem encarará seu verdadeiro problema permanente", ou seja, "como ocupar seu tempo livre".[2]

Será que sou a única pessoa que dirá que meu problema principal na vida *não* é "como ocupar meu tempo livre?" Na verdade, digo: *Que tempo livre?*

Keynes estava muito errado. Não foi isso o que aconteceu. Em um artigo destacando esses desenvolvimentos, Derek Thompson observou uma grande mudança que ninguém previu: como o trabalho em si e nossa visão dele evoluíram. O trabalho deixou de ser um meio de "produção de material" para ser muito mais sobre "produção de identidade".[3] Em outras palavras, o trabalho costumava ser sobre fazer coisas. Então, de repente, tornou-se sobre fazer a *nós* mesmos.

Começamos a ver nosso trabalho como nossa razão de viver, nosso propósito. Uma pesquisa recente da Gallup concluiu exatamente isso: "Como todos os funcionários, os Millennials se importam com sua renda. Mas, para essa geração, um trabalho é mais do que um salário — é um propósito."[4]

Quando nosso trabalho se torna quem somos e derivamos nosso principal valor e sentido dele, corremos o risco de torná-lo nosso deus. Aquilo que veneramos. Perante o qual curvamos. De quem nos tornamos escravos.

E foi isso que eles não previram há um século. Que nós, na verdade, encontraríamos nosso próprio núcleo estando na *correria em si*.

Nós encontraríamos isso enquanto estivéssemos ocupados encontrando "nossa paixão".

Enquanto tentamos buscar formas de simplificar nosso caminho por toda a vida.

E, ao mesmo tempo, deixar ou remover qualquer coisa que seja desconfortável, intragável ou desagradável porque a correria e a nossa paixão nunca deveriam ter essas sensações, certo?

Quando algo é nosso deus, daremos tudo de nós para isso. Sacrificaremos tudo.

Não é nenhuma coincidência que norte-americanos "trabalhem mais horas, tenham férias mais curtas, recebam menos em benefícios de desemprego, deficiências e aposentadoria, e se aposentem mais tarde do que pessoas em sociedades comparavelmente ricas", como escreveu Samuel P. Huntington.[5]

E um recente relatório da Pew Research sobre a epidemia de ansiedade na juventude observou que 95% (sim, você leu certo, quase todos os participantes) disseram que "ter um trabalho ou carreira que elas gostassem seria 'extremamente ou muito importante' para eles como adultos".[6] É em direção a *isso* mesmo que todos estamos correndo em busca de sentido. Em busca de vida. Para ouvirmos que *somos importantes.*

Sem falar que isso é ainda mais acentuado pelos padrões impossivelmente elevados que estipulamos para nossos sonhos, metas e trabalho. A expectativa é a de que todos da minha geração (Millennials) não só tenham um trabalho, mas também deve ser algo legal, recompensador e que nos deixe bem. Como Anne Petersen observou na sua brilhante obra recente intitulada *How Millennials Became the Burnout Generation* [Como os Millennials se Tornaram a Geração do Esgotamento, em tradução livre], achamos que "precisamos encontrar um emprego que encha os olhos de nossos pais… e que também impressione nossos cônjuges", e isso nos satisfaz.[7] Mas, continuou Petersen, o problema em pensar que *"o seu trabalho dos sonhos está lá fora, então nunca pare de correr — é* o fato disso ser a receita para a exaustão espiritual e física."[8]

Parece que os outros estão vendo o mesmo. A correria está ficando de lado. Como deve ser.

A pesquisa é clara:

- 7 entre 10 Millennials diriam que vivem atualmente algum nível de esgotamento;[9]

- 54% de nós (Millennials) diriam que somos cronicamente solitários e que "sempre ou às vezes sentimos que ninguém [nos] conhece tão bem";[10]
- 30% dos Millennials e da Geração Z atualmente dizem que sentem ansiedade disruptiva ou depressão.[11]

É pressão demais. É irreal. E está nos machucando. Estamos paralisados enquanto tentamos acompanhar. Para o inferno com a ansiedade, a solidão e o esgotamento. Isso não é o projeto de Deus. Fomos feitos para prosperar pelo Espírito de Deus sob o reino e regra de nosso Rei Jesus. Isso significa que nunca ficaremos ansiosos? Que nunca nos sentiremos solitários? Que nunca estaremos cansados? Claro que não. Mas somos filhos do Rei, e mais do que conquistadores,[12] e temos toda bênção espiritual nos lugares celestiais.[13] Acreditamos — pelo menos um pouco — que nossas vidas mudariam se aceitássemos totalmente essas verdades e as deixássemos ter peso real em nossas vidas? Acho que sim.

E não são apenas nossas ansiedades pessoais; é nossa cultura e nossa geração como um todo.

É como se milhões de nós estivessem em uma esteira, acreditando que estamos indo para algum lugar quando, na verdade, não estamos indo para lugar nenhum. Todo esse trabalho, energia e esforço — porém, estamos correndo por nada. Ainda pior, parece que alguém está aumentando a velocidade da esteira constantemente, então temos que correr cada vez mais rápido simplesmente para continuar.

Contudo, acho que é uma esteira em que nenhum de nós quer estar.

Algo em nossa cultura nos hipnotizou. Isso é *sedutor* e nos atrai para o vórtice com sua imensa influência.

Não é diferente da história do sapo e a água. Se você colocar um sapo na água que já estiver fervendo, ele pulará na hora pela dor absoluta e colisão de sentidos. Mas, se você colocar um sapo na água em uma temperatura ambiente, e depois continuamente aumentar a temperatura um grau por vez até que esteja fervendo, o sapo morrerá lentamente.

Nossa cultura — nós — mostra que somos aquele sapo agora, pensando: *Que agradável,* mas a temperatura vem subindo. Este livro sou eu dizendo: *Espere um minuto. Está começando a ficar meio quente aqui.* Os valores e ritmo de nossa cultura, a velocidade com que ela está se movendo, as demandas e pressão que todos nós sentimos, o código da correria injetado em todos nós no nascimento — tudo está nos cozinhando vivos. Mas não percebemos isso porque tem acontecido continuamente há mais ou menos um século.

É hora de parar e considerar o custo de toda essa correria. Toda essa velocidade. Toda essa desilusão. E, como a grande maioria dos antídotos, acho que o próximo passo surge na administração exatamente do oposto da doença. Estamos lentamente esmagando nossas almas com barulho, fama, trabalho e tribalismo; estamos vivendo em nossos próprios infernos particulares que estão nos sugando espiritualmente, emocionalmente e fisicamente. Então, eu digo: para o inferno com a correria. E quero dizer isso de *duas formas.* Para o inferno com isso, significando que pra mim chega. Ponto final. Podemos, de forma desafiadora, dizer não para onde isso tudo está indo. E, dois, eu também verdadeiramente quero dizer *para o inferno com isso*. Jesus nunca esteve na correria. Jesus era completamente humano. O protótipo de toda humanidade. E acho que podemos muito facilmente ver que ele era alguém resistindo ativamente a pressões culturais em muitos níveis. Ele não combina com a correria. E, se ele não combina com a correria, existe somente outro lugar de onde isso poderia vir. Do inferno. A maldição. A fonte da morte.

Tenho percebido que somente aqueles que estão presos a uma experiência mais rica, mais profunda e mais significativa do que aquela que nossa cultura atualmente oferece não serão sugados.

Então do que se trata este livro? Ele fala da doença, mas principalmente da cura. É sobre silêncio, obscuridade, descanso e empatia — as coisas que nos tornam total e profundamente humanos. E seria benéfico nos apegarmos a elas durante um tempo em que ninguém mais o faz.

Porque, na verdade, *eu estou farto disso*.

Estou farto de sermos, estatisticamente, a geração mais ansiosa e deprimida da história.

Estou farto de ver um grande número de amigos lutarem para encontrar qualquer senso de propósito ou significado.

Estou farto de pessoas destruindo suas vidas, relacionamentos e casamentos porque se matam de trabalhar.

E estou farto, simplesmente, de viver em uma sociedade em que o normal é o frenesi e um caminho de destruição da alma.

O que você está lendo agora sou eu levantando minha mão e dizendo não. Cansei. Não darei um passo à frente nesta direção. Recuso-me a glorificar e promover o desgaste, a hashtag #nosleepmovement [#movimentonuncadurma, em tradução livre], o barulho e a mercantilização de nossa personalidade por meio desses pequenos aparelhos de vidro retangulares em nossos bolsos.

Quem está comigo?

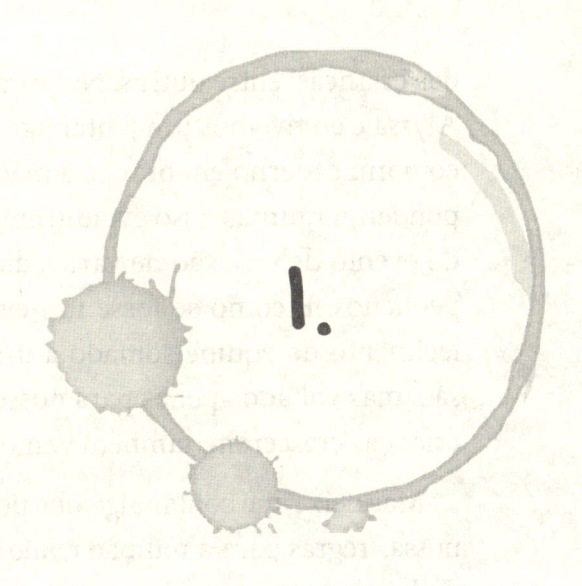

ESTAMOS SENDO FORMADOS, GOSTE DISSO OU NÃO

Se um quadro branco fosse uma linguagem de amor, seria a minha. Quem se importa com "tempo de qualidade" ou atos de serviço?[1] Eu só quero juntar e rabiscar ideias.

Apesar de adorar usar o quadro branco para praticamente tudo, ele também aparece de algumas formas previsíveis e importantes para nossa família ao fim de cada ano, durante a chamada Reunião da Família Bethke. Esta é uma prática divertida, que começamos há alguns anos, em que estabelecemos alguns dias no fim de todo mês de dezembro para refletir sobre o ano que passou, projetar uma visão para o próximo e verificar como estamos indo em áreas como crescer juntos e cuidar das crianças, entre outras. No primeiro ano da nossa reunião, Alyssa e eu tivemos um jantar agradável longe das crianças e, com um caderno em branco à mão, começamos a fazer e responder perguntas. Isso evoluiu até se tornar um superdivertido evento de reflexão de vários dias, que inclui nossos filhos pequenos. É como se fosse um evento corporativo de fortalecimento da equipe somado a um retiro de projeção de visão, mas voltado apenas para nosso time familiar. Quando as crianças crescerem, também vamos considerar suas opiniões.

Mas deixe-me contar algo que pode surpreendê-lo. Uma das nossas regras para a reunião é *não conversar sobre metas*. Não podemos conversar sobre ou até usar a linguagem das "metas". Passamos alguns dias refletindo, sonhando e conectando-nos com o último ano e o que está por vir, sem estabelecer uma meta sequer.

Por quê?

Há um princípio em investimento financeiro chamado *ordem stop loss,* que é basicamente um conjunto de referência para se livrar automaticamente de uma ação se o valor dela ficar abaixo de um certo patamar. Se você comprar títulos por US$50, pode estabelecer uma ordem stop loss por US$30. Portanto, se ela chegar nesse valor, automaticamente será vendida no sistema, sem que você tenha de fazê-lo.

Alguns anos atrás, Alyssa e eu olhamos um para o outro e sabíamos que tínhamos alcançado nossa ordem stop loss para metas. Os resultados que estávamos obtendo por meio das metas que estabelecíamos caíram muito abaixo do que queríamos de retorno. Então, vendemos de volta para o sistema.

Seguimos em frente. Desde então, não estabelecemos mais metas. E eis o motivo: para nossa família, metas não ajudaram a nos tornar quem queremos ser.

Então, as trocamos por uma palavra: *formações*, que é o "processo de formação".

Qual é a diferença? Lembre-se da definição de uma *meta*: "O objeto da ambição ou esforço de uma pessoa; um alvo ou resultado desejado." Dá para ver uma grande diferença entre meta e formação apenas em suas definições.

> Uma é sobre o fim. A outra, sobre o presente.
>
> Uma é sobre fazer. A outra, sobre ser.
>
> Uma é sobre os resultados. A outra, sobre o processo.

Para mim, elas são similares, mas a palavra *formações* parece captar uma ideia maior e mais genuína. Metas falam sobre *quais práticas estou fazendo*. Formações também, mas, como *adicionam* algumas palavras extras no começo, elas assumem uma camada mais profunda; formações são *quem estou me tornando por meio das práticas que estou fazendo*. Embora tenha sido uma mudança pequena, talvez apenas de semântica, isso gerou uma diferença imensa em nossas vidas. Isso mudou nosso norte para que nos vejamos não por meio do que alcançamos, mas por quem estamos nos tornando, e estamos colocando práticas pequenas, minúsculas e repetíveis em nosso caminho para chegarmos lá.

Em resumo, a maneira como vivemos nos forma como um certo tipo de ser humano. E temos que perguntar: Será que esse é o mesmo humano que Jesus previu para nossa prosperidade e nossas vidas?

Acho que, se fôssemos honestos, muitos de nós responderiam não.

Vou falar sobre isso um pouco mais claramente para aqueles que ainda não entenderam: nós, como humanos, somos o somatório de nossas repetidas práticas e rituais. Humanos não são feitos. Nós somos *formados*.

Durante os últimos anos, Alyssa e eu nos baseamos nessa ideia de formação, nos perguntando: Quem estamos nos tornando pelas práticas que estamos fazendo? Além disso, podemos criar ou nos colocar em direção a certas práticas que façam com que sejamos os humanos mais completos, ricos e seguros que fomos destinados para ser? E isso importa. Por algumas razões. Em primeiro lugar, isso parece mais humano. Fomos projetados e principalmente programados para nos tornarmos, não para alcançarmos. Além disso, acho que nos círculos cristãos tendemos a focar muito a avaliação de cada decisão que tomamos por meio de uma lente de moralidade — isto é certo ou errado? Há mérito nisso, mas acho que é muito simples. É elementar. E isso não nos leva aonde precisamos ir em última instância. É por isso que um cristão pode não estar fazendo nada moralmente "errado", ainda que esteja viciado em estar ocupado, se sentir frenético e, no geral, ficar ansioso em seu trabalho e relacionamentos, o que claramente não se alinha com o caminho de Jesus. Para seguir Jesus, precisamos não apenas seguir seus ensinamentos, mas também seu caminho. Seu processo. Sua cadência. Sua conduta. Seu espírito. Sua genuína essência.

Quem estou me tornando pelas práticas que estou fazendo?

Essa é a melhor e mais verdadeira questão.

Algumas das pequenas mudanças que Alyssa e eu buscamos são honrar um Dia do Senhor em família, nunca permitir celulares nos quartos e desligar nossos celulares uma vez por semana durante um período de 24h. Elas têm rendido resultados imensos. E sabe mais o quê? Não há limite. Elas não são metas. Nós não estamos tentando fazê-las por um mês ou um ano, ou somente realizá-las cem vezes para então retirá-las da lista. Estamos comprometidos a voltar, de forma consistente e constante, a esses comportamentos repetíveis durante décadas, sabendo que estão se formando e nos transformando nas pessoas que queremos nos tornar. Tornar-se como Jesus é a única "meta" que temos. (Também estou completamente ciente de que isso soa um pouco clichê e brega, mas apontar toda nossa formação em direção ao verdadeiro norte de intimidade com Jesus tem mudado e transformado nosso comportamento). Não estamos apenas fazendo um monte de coisas. Estamos nos apoiando em nossas práticas para chegar lá. Para sermos *formados*.

Mas, primeiro, vamos conversar sobre aonde nossas práticas culturais estão atualmente nos levando antes de conversarmos sobre aonde elas *deveriam* estar nos levando.

A Informação Está Nos Matando

Temos acesso a uma quantidade de informações sem precedentes. Podemos basicamente ler, assistir, procurar e ouvir sobre *qualquer coisa a qualquer momento*.

Também nos preocupamos mais e fazemos mais com essa informação do que nunca. Não acho que possamos sequer imaginar que um fazendeiro em 1803 gastasse grande parte de seu tempo contando calorias ou buscando alguma forma de usar óleo de coco para estender a longevidade de sua pele.

Estamos focados em tentar ser melhores do que nunca. Temos mais ferramentas para estabelecer metas e mais dicas e truques que nos ajudam a ficar mais rápidos, melhores e mais fortes. Mas em que ponto vamos parar e fazer aquela pergunta óbvia: Com toda esta autoridade, conhecimento e melhoria para nossas vidas pessoais, por que não somos imensamente melhores? Por que, talvez, sejamos ainda piores por causa disso? Basicamente, por que ainda não somos super-humanos?

Talvez seja porque não deveríamos ser.

Para muitas pessoas por aí que querem tornar sua vida mais fácil, que estão tentando otimizar seu corpo, saúde e mente pensando que de algum modo eles revelarão a chave da vida fazendo isso, eu pergunto: Você já deu uma olhada honesta no corpo humano para ver o quão ridiculamente ineficiente e nojento ele é na verdade? Ele não se importa com qual nova dieta de *biohacking* que estamos fazendo; e ainda expelimos resíduos para fora de nossos corpos *todos os dias. Somos literalmente dispositivos geradores de resíduos.* E, se não tomarmos banho ou colocarmos algum tipo de desodorante, começamos a cheirar mal, e rapidamente. Não somos máquinas brilhantes tentando obter as mais novas e melhores atualizações de software. Somos vasos de barro de pó com o perfeito Espírito de Deus em nós.

Enquanto estamos ocupados experimentando a última novidade em sistema de produtividade, no fim das contas ainda precisamos dormir por 8h. Imagine se a Apple tentasse vender para você um computador e dissesse: "Este computador fica inoperante durante 8h por dia."

Você já aceitou o fato de que se viver até os 90 anos, terá dormido por 30 anos inteiros de sua vida? São 30 anos inteiros com seus olhos fechados, não envolvido no mundo, nem mesmo acordado e certamente não fazendo nada que o mundo considere produtivo.

Talvez nos faça bem, na verdade, ponderarmos a sabedoria antiga: "Todos vão para o mesmo lugar, vieram do pó, e ao pó retornarão" (Eclesiastes 3:20). Nossos corpos são imundos, nojentos, fedorentos e decadentes. Antes de ficarmos deprimidos, vamos lembrar que, quando Deus quis entrar na nossa história, como ele fez isso? Envolvendo-se em um desses mesmíssimos corpos. Para sempre sagrado. Para sempre glorificado.

Então, quantos cafés perfeitos precisamos beber antes de na verdade começarmos a nos tornar a pessoa que queremos? Quantas agendas temos de abrir, podcasts a ouvir ou iniciativas Whole30 a começar antes que possamos estar prontos?

A verdade é que estamos obesos de informações, empanturrando-nos até que fiquemos doentes e pouco saudáveis. É apenas mais um podcast, mais um vídeo do YouTube, mais um truque para conseguir uma vida mais otimizada.

Mas ficamos nos perguntando: *Por que nada está mudando?* Por que alcançamos uma meta ou um sonho e ainda nos sentimos tão frustrados e ansiosos como sempre?

Um fabricante de tendas no século I ou um fazendeiro no século XVII eram realmente mais pobres por não saberem como ir *From Good to Great* [Do Bom ao Excelente, na tradução livre] ou não terem certeza de quais são *Os Sete Hábitos das Pessoas Altamente Eficazes?* (A propósito, ambos são bons livros). Ou talvez soubessem de algo que não sabíamos. Talvez eles *não* soubessem de tudo que sabemos e isso era, na verdade, a bênção. Em média, as pessoas 200 anos atrás eram sortudas por ler 50 livros em toda sua vida. Hoje, as pessoas gastam mais tempo assistindo a episódios ou filmes e elas assistem mais do que 50^2, às vezes apenas em uma ou duas semanas. O ataque de informação é um problema intenso, com o qual nunca lidamos antes.

Nem toda informação é ruim, é claro. Dicas úteis sobre formas de viver melhor abençoaram muitas pessoas, eu inclusive. Também busquei dicas online que têm ajudado meu foco e energia. E se estivermos tentando trocar sabedoria por atalhos? A primeira precisa de anos de experiência de vida, enquanto o outro simplesmente requer uma pesquisa no Google. Hoje, encaramos uma grande diferença entre quem somos e quem queremos ser simplesmente porque podemos, na verdade, ver essa lacuna melhor do que nunca. Mas apenas abrindo o Instagram ou lendo postagens do Facebook, vemos um eu diferente, talvez ideal, que gostaríamos de ser.

Chame isso de empanturrar-se de informação. Ou ficar embriagado de informação. Ou até de vício ou abuso de informação. Não importa como você chame, isso está nos matando, e silenciosamente. E digo que aproximadamente 80 anos antes existirá um forte consenso cultural dizendo: *Sim, isso não é o que pensávamos que era.*

Não vamos esquecer que a cocaína era considerada uma droga maravilhosa há uns 100 anos e que empresas colocavam-na em manteigas, vinhos e refrigerantes. E ainda era comercializada como útil para curar dores de estômago e depressão.

Nas décadas de 1930 e 1940, mesmo após empresas de tabaco começarem a perceber que seu produto era prejudicial e causava a morte de pessoas, elas não pararam ou mudaram. Não, elas pagaram milhões de dólares para contratar firmas de relações públicas a fim de convencer médicos a fumar cigarros, acreditando que se eles conseguissem mostrar ao mundo que médicos estavam bem fumando, então pessoas comuns também ficariam.

Tenho que me perguntar: As redes sociais e o Google são as empresas de tabaco do século XXI? Os smartphones são a cocaína de hoje? Afinal de contas, nossa sociedade há muito tempo tem um padrão de considerar algo novo como revigorante e emocionante, adotando isso em larga escala e com total aceitação sem questionar as consequências. Então, uns 30 ou 50 anos depois, o impacto negativo começa a aparecer, e regras começam a surgir.

Infelizmente, a inovação sempre ultrapassa a regra. O ciclo é o mesmo. Isso normalmente é mais ou menos assim:

1. Isso é legal e empolgante;

2. Isso é, na verdade, a melhor coisa que já foi criada. Como as pessoas viviam sem isso antes?

3. Isso ainda é a melhor coisa de todos os tempos e não consigo imaginar minha vida sem ela, mas parece estar me prejudicando também;

4. Ah, sim, isso definitivamente está me prejudicando e provavelmente preciso viver sem isso de alguma forma. Vamos fazer algumas regras para nos ajudar.

Como sociedade, diria que estamos atualmente no número dois, com algumas pessoas começando a reconhecer e a viver no número três, o que significa que ainda temos um longo caminho até que existam limites apropriados e talvez até intervenção governamental — em 2050.

Aqui estão algumas "viagens" insanas para descrever exatamente *sobre quanta informação* estamos falando:

- Cinco quintilhões de dados são criados todos os dias;[3]
- Somente 0,5% de todos os dados chega a ser analisado ou usado;[4]
- A cada dois dias desenvolvemos tanta informação quanto o que fizemos entre a origem da civilização e 2003;[5]
- Até 2020, 1,7 megabyte de novas informações será criado por segundo para cada ser humano na Terra.[6]

É inacreditável pensar que, em apenas 48h, a quantidade de informação e dados produzidos no mundo terá sido igual a toda informação desde o início dos tempos até a virada do século. Isso significa que a quantidade atual de dados que consumimos em um dia teria sido o suficiente para toda a vida de uma pessoa em 1574.

Estamos gordos e bêbados de informação, tropeçando por nossas vidas. Só que esse abuso é o mais culturalmente aceito na história da humanidade. De fato, nós sequer reconhecemos que existe um problema. Todos somos "viciados em dados vivendo em um ferro-velho de dados"[7], como um autor definiu. Quanto mais consumirmos informação e mantivermos nossos rostos na frente do jato incessante da Internet, mais perdemos verdadeiras habilidades necessárias para dizer não a ela em primeiro lugar — perdemos um longo foco estável e um profundo fluxo para o trabalho. Isso provavelmente acontece porque, 10 anos atrás, você leria durante 3h por vez, mas agora você pode simplesmente fazê-lo por 10 minutos, antes de verificar as mensagens de texto.

Com todos esses dados e informações, estamos mais obcecados com métrica e metas do que nunca, mas nosso *télos* (do grego que significa "objetivo ou final principal") — nossa visão da boa vida — não parece estar se tornando uma realidade.

Mas vamos parar por um segundo. A palavra *télos* é muito importante para essa discussão. Não temos um termo equivalente no idioma moderno, mas nosso télos é essa imagem que todos temos em nossas mentes de *é para onde quero ir, quem eu quero ser e é assim que eu quero que seja quando eu chegar lá.*

E, quer percebamos isso ou não, nosso télos é nossa característica primitiva determinante. Nós nos curvaremos e anularemos uma vida inteira em torno do que acreditamos ser nosso télos.

E é por isso que é especificamente importante iniciar a conversa em torno de informação e dados. Nós nos apoiamos em informações porque acreditamos que isso nos dará um certo futuro (nosso télos). Mas como está sendo isso para nós?

Quando perceberemos que isso não está nos levando para onde queremos ir?

A conclusão é que não podemos nos tornar uma melhor versão de nós mesmos somente por meio de pesquisas e *pensamentos*. E precisamos aprender a lidar com isso. Não somos computadores apenas esperando por descarregamento de dados ou atualização de software. De fato, somos mais humanos do que pensamos. Mais primitivos. Mais animalescos. E, enquanto esses ímpetos e desejos em nós puderem ser inclinados em torno de coisas que são nocivas ou pouco saudáveis, temos que nos lembrar de que éramos criaturas antes da maldição também. Em outras palavras, nossos impulsos, desejos e ímpetos fazem parte do que significa ser humano (e apontar esses desejos ou ímpetos ou impulsos na direção errada é o que significa não ser humano).

Não nos tornamos apenas o que pensamos. Nós nos tornamos aquilo que *desejamos*.

Não somos moldados por fatos, mas pelo que amamos.

Metas São Finitas e Finais

O termo *metas* praticamente não existia antes de 1920. Um gráfico de busca por quaisquer menções a essa palavra é quase uma linha horizontal — isso até 1920, quando elas começaram a aumentar e continuaram a disparar e crescer pelos últimos 90 a 100 anos.[8]

Porém, gerações antes de nós construíram países sem estabelecer metas. A eletricidade e a lâmpada foram inventadas sem agenda. Novos meios de transporte, como a locomotiva e as vias férreas pelo país que permitiram viagens quase desconhecidas pela nova fronteira, foram criadas sem resoluções de Ano Novo. Isso me faz sentir mal por Alexander Hamilton ou Mozart — se ao menos eles tivessem conhecimento sobre estabelecimento de metas.

A dura verdade é a de que muitas pessoas têm as mesmas metas, mas poucas chegam lá. Se você perguntar a um jogador da NBA qual era seu objetivo, ele provavelmente diria vencer um título. Vencedores e perdedores têm sempre as mesmas metas, mas nem sempre os mesmos *sistemas*.

Quando vejo meus antigos diários, rio de como costumava ser ridículo, ingênuo e desinformado. Mas, logo após parar de rir, fico com medo, me perguntando se relembrarei de mim mesmo em cinco anos e pensarei a mesma coisa.

Provavelmente.

É assim que o crescimento com humanos funciona.

Há alguns anos, minhas metas eram:

- Comer melhor;
- Escrever um livro;
- Ler minha Bíblia todos os dias;
- Tirar A na minha aula de filosofia.

A partir daí, estabeleceria passos viáveis para tentar atingir cada uma das metas, geralmente com uma referência da minha realidade ideal. Queria comer melhor, para poder ter uma barriga tanquinho. Queria escrever um livro e poder dizer que era um autor com obras publicadas. Queria ler minha Bíblia todos os dias para poder me tornar um cristão melhor.

Mas aí comecei a encontrar dificuldades.

Muitas das minhas metas — especialmente as grandes, anuais, para começar no Dia de Ano Novo — duravam até fevereiro, quando as esqueceria ou abandonaria completamente. Porque a dura verdade é a de que linhas de chegada e motivadores de resultados finais não nos mudam. Eles geralmente parecem muito desanimadores ou desconectados das nossas atuais vidas cotidianas. E a maioria das pessoas não se desenvolve sob a pressão que acumulamos sobre nós mesmos para acertar exatamente na mosca, sem mencionar que ficamos envergonhados se errarmos.

Precisamos parar de pensar: *não sou tão incrível ou bom o suficiente agora, mas, se eu fizer apenas essa coisa, talvez me sinta melhor comigo mesmo.* Não é verdade a ideia de que a realização de uma meta nos tornará um certo tipo de pessoa de algum modo, e que isso nos livrará de nossa atual infelicidade e descontentamento.

Comecei a entender que somos criados para formação, não para estabelecer metas. Em geral, metas focam uma linha de chegada. Algo que você pode alcançar e, em seguida, ser feito assim que for realizado. É sobre fazer algo. Por outro lado, formações não são sobre isso, mas sobre ser *alguém*. Uma é normalmente sobre atividade, enquanto a outra é sobre identidade. Metas são lineares e se assemelham a uma linha reta.

Formações se parecem mais com um círculo, onde você está constantemente voltando para o mesmo lugar para buscar renovação e revigoramento em uma prática específica. Uma é sobre um resultado; a outra, sobre um processo.

Quando começam um novo hobby, algumas pessoas têm um surto enorme de ambição. Ao começar a correr, por exemplo, elas quase imediatamente dirão para si mesmas: *Eu quero correr 10 quilômetros ou uma meia maratona nesta época ano que vem.* Isso é útil e ótimo. Mas acho que uma melhor abordagem é focar a identidade: *Quero ser alguém que corra como parte normal da minha vida.* Ou, *quero correr pelo menos 5 minutos, 5 dias por semana.*

Não há uma linha de chegada. Nada para realmente realizar. Faça disso uma prática ou estilo de vida que você espera seguir pelos próximos 60 anos. Porque não é sobre a maratona. É sobre *ser um corredor.* Para mim, a última, parece trazer benefícios mais longos, profundos e ricos.

E por que essa distinção importa tanto? Acho que porque as Escrituras não falam muito sobre metas, mas estão profundamente focadas na nossa identidade. Em quem estamos nos tornando.

Estamos nos tornando mais parecidos com Jesus pelas práticas e formações que estamos fazendo?

Outra diferença importante é a regra dos 80%. Se você estabelece metas e somente as aplica por 80% do tempo (como exercitar-se, por exemplo), logo tem uma sensação de fracasso. Você só pensa nos 20% restantes, em que não atendeu às suas próprias expectativas. Mas com suas formações, se você estiver fazendo isso por 80% do tempo, você ainda pode saber muito bem que o ritmo está mudando sua qualidade de vida e quem você é fundamentalmente. Por quê? Porque formações focam o processo em si. O processo é o que faz de você quem você é. Se estiver regando as plantas cinco dias da semana em vez de sete, elas ainda serão incríveis e saudáveis. Ou se Alyssa e eu tentarmos sair a dois pelo menos uma vez por semana, mas conseguirmos somente fazer 3 vezes ao mês durante um período, sabemos que isso estará nos ajudando e conectando de formas muito necessárias.

Aí vai uma maneira rápida de pensar sobre isso. Metas tradicionais são como uma flecha mirando em um alvo. Entretanto, as formações são menos parecidas com um alvo e mais com uma flecha dobrada em um círculo.

Uma é linear e final. A outra é circular e para sempre.

Uma não muda você de verdade. A outra pode transformar sua vida.

É uma diferença sutil, mas a melhor coisa sobre as formações é que você tem ambos o processo de se tornar e provavelmente a realização ou "linha de chegada" também.

Metas tendem a ter uma vida útil de seis meses, enquanto nas formações você decide normalmente ou diariamente por um período de tempo longo, possivelmente indefinido. Isso porque formações são sobre se tornar alguém e não fazer algo. É sobre se tornar alguém por meio das práticas e ritmos diários da sua vida.

Quem É Você Hoje?

Pense em você na sua fase atual da vida. Seu trabalho, seus interesses românticos, seu autodesenvolvimento. Agora, pense em dois anos atrás. O você daquela época estaria feliz ou animado com o desenrolar dos últimos dois anos em relação às suas metas, planos e sonhos? Quando estimulo pessoas a se fazerem essa pergunta, a resposta às vezes é não. Elas terminaram em um lugar um pouquinho diferente do que estavam planejando.

Isso acontece normalmente porque elas queriam que suas *crenças* (que incluem esperanças e sonhos sobre si mesmas) as levassem aonde queriam ir. Mas não conheço uma pessoa que possa simplesmente transformar a si mesma ou a sua vida apenas com a força do pensamento. E você?

E depois? O que nos leva aonde queremos ir?

Você provavelmente acha que vou dizer ser disciplinado. Ou se esforçar mais. Ou ter um pouco mais de força de vontade. E, embora tudo isso seja parcialmente verdade, acho que é enganoso. (Na verdade, é a coisa que mais me incomoda em relação a todos os livros de autoajuda e liderança empresarial atualmente — basta correr e trabalhar duro e, *então,* você conseguirá alcançar seus sonhos e ter a vida que deseja. *Afaste-se*).

Aqui está a verdade peculiar — o que forma nossas identidades são as milhões de pequenas e micro ações que fazemos todos os dias sem perceber ou pensar duas vezes.

Nós somos a soma de nossos hábitos.

É simples assim.

Agora, se você se fizer a pergunta acima, aposto que consegue retornar aos seus últimos anos e dizer: *Sim, meus comportamentos ritualistas diários são normalmente instintivos e eles me levaram a uma direção específica.*

O ponto principal sobre hábitos é: eles são menos sobre *fazer* algo e mais sobre *amar* algo. Dormimos com nossos celulares ao lado da nossa cama, às vezes até debaixo de nossos travesseiros, não apenas porque fazemos ativamente uma escolha todas as manhãs a fim de olhar as notícias no mundo ou o que nossos amigos estão fazendo. Fazemos isso porque *amamos* o que o celular nos proporciona. Existe um antigo chamado em nós que abre a torneira de nossos desejos até que o ritual se torne venerável e mundano.

Agora deixe-me fazer uma pausa por um segundo somente para esclarecer algumas destas palavras, já que vamos usá-las ao longo do livro. Existe alguma coincidência e similaridade entre as palavras *hábito, ritual* e *rotina.* Todas são comportamentos repetidos. Mas uma *rotina* é mundana (amarrar seu sapato). Um *hábito* é algo que vai muito mais fundo em nossos desejos, impulsos e amores — uma ação repetida que é difícil de desistir ou alterar (para o bem ou para o mal). E *ritual,* para mim, é um hábito de *significado.* Uma ação repetível que nos atrai para um momento sagrado. Ao longo deste livro, falaremos principalmente sobre os dois últimos (hábitos e rituais), pois são formas de nos tornarmos como Jesus das quais muitos de nós esquecemos.

Vamos agora falar um pouco mais sobre hábitos. Somos uma coleção de nossos hábitos. E a razão de eles serem mais complicados e difíceis de trocar ou mudar é o fato de normalmente irem direto e profundamente no que *adoramos*. Nosso télos (nossa visão da boa vida) é revelado por nossos hábitos. E nossos hábitos são simplesmente as coisas que amamos profundamente, sem nunca perceber. O que amamos tem o poder de nos controlar e dar sentido, profundidade e riqueza às nossas vidas (ou promete e falha seriamente ao cumprir o que foi prometido).

Felizmente, estou em um casamento em que ambos entendem o projeto de Deus para o mundo — mais precisamente, a necessidade de uma xícara de café todos os dias, assim que acordamos. Infelizmente, também tenho uma esposa que acha que, mesmo que ambos gostemos de café fresco às 6h, ela raramente deve ser, se é alguma vez já foi, a pessoa a fazê-lo. Se eu fosse para a cama antes dela, imaginava que ela iria prepará-lo antes de ir dormir, ajustando o timer da cafeteira. Mas aí, ao acordar, descobriria que o café não estava pronto e quase desmaiaria ao fazê-lo ainda com muito sono. (Estou brincando; se não estivesse feito, basta apenas abrir um pouco meu olho direito antes de ser capaz de prepará-lo).

Fazer o café não diz respeito apenas a uma xícara de cafeína; é mais sobre a dança do ritual da manhã. O cheiro faz surgir profundas e afetuosas memórias da silenciosa e tranquila hora matinal com diários, livros e pensamentos. Beber nosso café pela manhã se tornou algo carregado de significado, com imensa ligação e imaginário para nossas vidas diárias.

Foi por causa do significado de nosso padrão repetido que me tornei o encarregado de fazer o café na nossa família. E adivinha só? Alyssa me agradece de verdade por isso. Ela mencionou diversas vezes que esse pequeno ato de serviço e bênção todas as noites demonstra imensa consideração e amor por ela.

Devo admitir, no entanto, que, quando comecei a assumir o preparo do café, me senti bem-educado, cavalheiro e sacrificial (claro que na forma mínima, porque um casamento é basicamente feito de mil oportunidades de fazer sacrifícios microscópicos pelo outro em vez de um grande sacrifício, certo?). Hoje, basicamente faço isso como parte de um ritual, com uma pequena mistura de obrigação. Mas ainda é um ato de amor. E fazer isso continuadamente, mesmo tendo se tornado algo mundano, talvez seja ainda mais um ato de amor.

Acho que seguir Jesus com ritmo é a mesma coisa. Mesmo quando há problemas, não é necessariamente ritualista, mas o povo de Jesus frequentemente espera que segui-lo seja sempre livre, divertido e espontâneo e nunca algo litúrgico. E, se for assim, exclamamos legalismo.

Mas e se for um meio-termo?

Vamos voltar ao café. Saboto a mim mesmo se esperar servir minha esposa somente quando estiver com vontade ou fizer o café apenas nas manhãs quando meu amor por ela estiver realmente alto. Muitos de nós fazem isso com Jesus. Chamo isso de "seguir a emoção, e não Jesus".

Mas também seria igualmente ruim se eu fizesse o café todas as manhãs apenas por obrigação e guardasse um ressentimento por dentro ao pensar: *Por que ela nunca faz o café para mim?*

Fazer o café todos os dias, mesmo quando não estou com vontade, é uma forma de mostrar meu amor por ela em uma normalidade constante e nada extraordinária. Não chamo isso de legalismo, chamo de santidade. O amor não é só um verbo ou substantivo. O amor é um hábito.

Governos descobriram esta verdade (alguém lembra do juramento à bandeira?) enquanto muitos praticantes das tradições protestantes ainda estão chamando qualquer coisa repetitiva de "legalismo". Por muito tempo, confundimos legalismo com algo que lida com esforço ou disciplina. Só porque fazemos algo várias vezes, não significa que seja legalista.

Se exclamarmos legalismo sempre que fizermos algo com repetição, esforço ou disciplina, ou quando algo tiver o potencial de se tornar rotina, então, por essa definição, Jesus era uma das pessoas mais legalistas que já existiram, fazendo a oração do Shemá pelo menos três vezes ao dia como qualquer judeu fiel do século I deveria fazer.

O legalismo não é definido pelo comportamento. Você não consegue olhar para uma certa atitude e saber imediatamente que é legalismo, porque a mesma pode ser feita tanto na forma sagrada quanto na pecaminosa. Enquanto os fariseus são tipicamente considerados inimigos de Jesus e são os que mais imaginamos em nossas mentes quando ouvimos a palavra *legalismo*, muitos estudiosos da Bíblia acreditam que Jesus era um fariseu também — ou pelo menos suas crenças e expansão do Torá mais atentamente alinhadas com os fariseus do que com qualquer outro grupo do Novo Testamento, incluindo os saduceus, os escribas e os zelotes.

Mas a ideia não é fazer coisas que levem à repetição. É ter certeza de que seu coração estará bem se você as fizer.

Uma vez ouvi alguém dizer que as regras antes do amor se igualam ao legalismo, e o amor antes das regras se iguala à formação evangélica.[9] Quanto poder, vitalidade, profundidade e riqueza nós, evangélicos, deixamos sobre a mesa da tradição ou história da igreja simplesmente porque achamos que parecia e tinha muitas características "legalistas"? Podemos todos ser ritualistas, gostemos de admitir isso ou não.

Lemos o Novo Testamento e pensamos: *Não acredito que as pessoas tinham que se vestir de um jeito naquela época por causa de certos costumes e códigos.* Hoje, no entanto, podemos pensar que uma igreja está fora de moda ou é irrelevante se o pastor do culto não estiver vestindo um jeans apertado ou não pregar lendo em um iPad.

O filósofo James K. A. Smith fez a bela observação de que as primeiras e últimas palavras ditas por Jesus no Evangelho de João são frequentemente negligenciadas, mesmo que toquem bem no fundo de como mudamos. Jesus perguntou: "Você me ama?"

Não somos quem somos porque pensávamos em como chegar lá, e sim porque amávamos algo e buscávamos isso, com frequência involuntariamente, e continuávamos a fazer isso várias vezes como uma liturgia. Ou, como Smith disse: "Práticas que moldam o amor."[10]

Todas as nossas liturgias estão nos indicando algum lugar. As práticas que fazemos a fim de moldar e cultivar nossos amores estão nos moldando. E, se isso for verdade, a liturgia não é algo que você faz. Ela é melhor definida como algo sendo feito para você.

Somos uma cultura que se inclina excessivamente em direção ao intelectual. Logo, estamos determinados a apontar ideias prejudiciais, ou pelo menos as que discordamos. Mas como não entendemos que a maioria das ideias não entra em nossas vidas por pensamento, e sim pela prática involuntária, então elas são capazes de entrar de fininho na nossa cultura como se fossem o Seal Team Six, equipe de elite da Marinha norte-americana, nos mudando, moldando e formando antes mesmo de percebermos que elas estavam lá.

E, francamente, as pessoas que parecem melhor entender que somos criaturas de amor e desejo, e não de pensamentos, são as atuais empresas gigantescas de tecnologia do mundo. Pense em como a Apple cria espaços que parecem templos (diga-me que suas lojas não têm uma energia "diferente" em relação ao espaço comum do varejo, que definitivamente não traz sentimentos sagrados), onde você vai sacrificar (imensamente grandes porções de seu dinheiro) para obter isso que está procurando — conexão, sentido e profundidade. As pessoas ficam na fila a noite inteira, algumas até acampando na calçada, em busca do mais novo dispositivo que oferece esses benefícios implicitamente compreendidos. Este celular pode ser, e será, mais do que um celular.

Acho até justo dizer que a Apple é uma religião, com Steve Jobs como um pastor (que se tornou um santo secular venerado após sua morte) mediando entre homem e Deus a fim de nos dar o que queremos: conexão, poder e o conhecimento divino do bem e do mal.

Pegamos o celular, agachamos e nos curvamos.

Normalmente com as cabeças baixas.

Visão focada em algo. Bloqueando tudo ao nosso redor.

Somos silenciosos e solenes. Tendendo a não falar.

E, então, executamos um certo comportamento várias vezes, repetidamente. Soa familiar?

Desliza.

Desliza.

Desliza.

Puxa para baixo.

Desliza.

Desliza.

Desliza.

Toca.

Toca.

Puxa para baixo.

Ao visitarmos o Oriente Médio, não é incomum ouvir um toque de sino por todo o dia, o que significa que é hora de orar e adorar. No Ocidente, não somos muito diferentes. Ouvimos esse *ping* e muitos de nós implicitamente pensam que *é o momento de orar e adorar.*

As pessoas ouvem o sino e pegam seus tapetes.

Nós ouvimos o sino e pegamos nossos celulares.

Parece que não estamos apenas fazendo algo. Telas e celulares estão fazendo algo para nós.

E a Apple até opera em seu próprio calendário litúrgico, com datas específicas e rítmicas (o que a religião tende a chamar "grandes feriados", de onde tiramos a palavra *feriado*) para novos comunicados e lançamentos. Steve Jobs capturou o fascínio do lançamento do produto. Muitas pessoas não aparecerão se você disser a elas que está revelando um novo carro ou mesmo seu novo modelo de celular Android. Mas Jobs, e agora Tim Cook, têm conseguido atrair grandes públicos ano após ano com uma exaltação e fervor religioso sobre quais produtos da Apple serão revelados para esse ano. Jobs transformou o fervor de "Qual novo iPhone será lançado este ano?" não apenas em um evento de consumo, mas em algo religioso.

Ninguém sabia melhor do que Steve Jobs que somos criaturas de histórias, não de informação. Não queremos fatos; queremos um estilo de vida. Não queremos as respostas; queremos uma visão do que é bom.

E não é coincidência que a Apple tenha se tornado a primeira empresa na história a atingir a capitalização de mercado de um trilhão de dólares. Os maiores contadores de histórias sempre vencem, e a Apple com certeza venceu.

A Apple conta histórias até mesmo em seus comerciais. Em um anúncio de 90 segundos, uma família está na casa dos avós para o Natal. Todos estão rindo e se divertindo, mas um dos jovens adolescentes fica no seu celular o tempo todo. O comercial conta com uma bela e emotiva música para proporcionar a você todos os sentimentos de como o Natal é incrível, e como essa época é bonita e focada na família. No entanto, eles estão propositalmente provocando uma leve tensão enquanto você assiste e se pergunta: *Hummm... quem é este garoto? E por que ele está no celular dele o tempo todo? Ele está perdendo todos os momentos importantes.*

E é aí que a última cena corta para a sala de estar, com toda a família ocupando o chão e os sofás, com suas meias e pijamas de Natal, tomando chocolate quente de frente para a TV. O adolescente chama a atenção deles, se vira para o aparelho ligado e começa a passar um pequeno vídeo. E o vídeo é basicamente um pequeno destaque dos últimos dias da família, que ele fez enquanto estavam juntos. Era por isso que ele estava com o celular ligado: ele estava fazendo um filme da família.

Todos começam a ficar com lágrimas nos olhos e a chorar, a abraçá-lo e agradecê-lo pelo presente especial para a família. Em seguida, o comercial corta para "Boas Festas" e a logo da Apple.

Fim.

Não existia absolutamente nenhum detalhe ou informação sobre o que o celular poderia fazer. Nem o quão rápido ele é ou quantos megapixels possui.

Porque a Apple sabe que não é isso que ela está vendendo. Ela não está tentando vender para você o que o celular faz, e sim tentando retratar uma visão da bela vida que o celular dela pode dar a você.

Devo admitir que, na primeira vez em que assisti a esse comercial, pensei que ele era emocionante e bonito. Mas então me perguntei: "O que o comercial realmente está dizendo?" Que esse celular pode me dar as coisas que eu desesperadamente quero na vida — conexão, sentido e um senso profundo de família? Essa é uma grande promessa. E não tenho certeza se alguém foi conferir se eles realmente a cumpriram.

Uma vez que percebemos que nossos hábitos diários estão nos formando em um nível fundamental (e ainda mais quando se tornam microrrituais, que são as coisas que fazemos todos os dias sem realmente perceber), então começaremos a prestar atenção. Começamos a perguntar: eles estão fazendo algo comigo que particularmente não gosto ou quero, mas não percebo?

Com todas as informações às quais temos acesso, queremos otimizar tudo. Nossos carros têm chips. Nossos celulares têm chips. Nossos Fitbits também. Tudo para rastrear e nos fornecer dados que ainda nem sabíamos que precisávamos, para que possamos fazer ajustes.

Auditamos nossas finanças. Nossa dieta. Tudo.

Como seria se olhássemos para os registros dos nossos microrrituais?

Porque o negócio é o seguinte: você está se tornando alguém e alguma coisa. Está sendo formado. Você é uma imagem que está *refletindo*.

Mas precisamos resistir ao reflexo e à participação na correria que nos transforma em algo que não somos.

Por quê?

Porque quero ser mais do que um humano eficiente, motivado, ambicioso, centrado e focado em realização. Quando prevejo essa pessoa no futuro, não vejo uma presença humana amorosa. Vejo uma máquina. É para isso que a maioria de nós está apontando nosso télos sem perceber.

Porém, lá no fundo há um télos maior, melhor e mais verdadeiro, pelo qual nossos corações anseiam. O télos de prosperidade, como a imagem de Deus encontrada em Jesus. A verdadeira humanidade. Essa é a meta e o objetivo. E foi isso que perdemos no minuto em que aquela fatídica maldição no jardim destruiu isso tudo. Mas podemos encontrar o nosso caminho de volta. Como? *Por meio do verdadeiro ser humano — Jesus.*

Quero ser formado, moldado e modelado à *imagem d'Ele. Ser mais como Ele. Parecer com Ele.* Andar no ritmo d'Ele. Responder ao mundo com Sua gentileza e benevolência. Reinar e governar; construir, criar e cultivar sob Sua afetuosa e sacrificial autoridade. Mas, para fazer isso, preciso olhar Seu rosto. Encontrar-me com Ele. Ficar aos Seus pés. Passar tempo com Ele. Viver em formações e práticas repetíveis que consistentemente me colocam diante d'Ele. Tenho que moldar meu espaço e meus hábitos longe do meu eu falso e forçar a me transformar em uma completa imagem verdadeira portadora d'Ele.

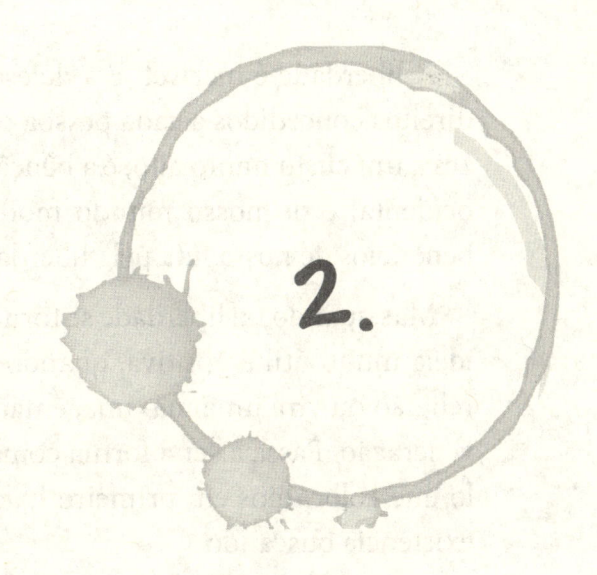

2.

ESTE SEMPRE FOI O FOCO

A liberdade pessoal e individual é um câncer.

Em sua forma mais verdadeira, o câncer é o crescimento incontrolado de células. Ele começa quando algo normal e bom — o crescimento e o ciclo de vida das células — é danificado por uma pequena mutação, fazendo com que as células se tornem monstruosas e criem uma deformidade em nossos corpos. Sem controle, esse crescimento de células se torna uma doença. Um tumor.

Acho que nossa ideia de liberdade pessoal e individual é semelhante.

Por quê?

A liberdade é incrível. E a defesa do indivíduo e todos os direitos concedidos a cada pessoa em nossa sociedade, às vezes a um custo muito alto, é a bênção e a alegria da sociedade ocidental e do nosso mundo moderno. Colhemos imensos benefícios de nossa luta pela liberdade pessoal.

Mas quando tal liberdade se torna mais do que apenas uma ideia muito útil e positiva, quando ela se torna nosso deus e religião ou vira uma máxima, então passa a ser um objeto de veneração. Passa a ser a forma como vemos a boa vida, aquilo que colocamos em primeiro lugar e passamos toda nossa existência buscando.

Fundamentalmente, a liberdade era motivada pelo desejo desesperado de escapar da tirania e da opressão. Quando a ideia do liberalismo clássico começou a se alastrar pelo mundo, algumas centenas de anos atrás, seus resultados foram significativos. Mas a liberdade dos danos e limitações da tirania lentamente se transformou e se reduziu ao evangelho norte-americano da liberdade dos limites. Todos os limites. Todos os obstáculos. Se isso está no caminho dos nossos desejos e do que queremos, é errado, prejudicial e ruim de acordo com a visão atual da nossa cultura.

Hoje, esse é nosso objetivo principal e nosso télos. E este sempre foi o foco.

Nossa cultura faz com que tenhamos a crença de que nossas vidas serão mais ricas, melhores e mais significativas, e que finalmente prosperaremos e atingiremos as nossas melhores versões quando removermos todos os obstáculos e limites em nosso caminho.

Da lâmpada ao automóvel, temos inventado novas formas de reduzir as barreiras de tempo, velocidade e força e, assim, também temos simultaneamente nos desconectado da nossa humanidade — da família, do sono, dos nossos vizinhos, da comunidade, da arte, do tempo, do descanso e de quem somos.

Será que consideramos algumas das consequências dos nossos avanços e, definitivamente, de nossas escolhas? Calculamos o preço delas? Porque estamos pagando por isso. Tomamos uma decisão e agora precisamos aceitar as consequências — mas não podemos. Estamos exaustos. E vibrando. Ou seria o nosso celular? Talvez sejam ambos — nossas almas e telefones vibram com ansiedade.

O mundo está ao nosso alcance o tempo todo agora. Podemos ter praticamente tudo o que quisermos, coisas com as quais nossos avós apenas sonhavam. Aprendemos que não há nada para o qual não possamos trabalhar duro o bastante, nos endividarmos o suficiente, sonharmos, e estabelecermos metas. Basta trabalhar mais, com mais pressa e mais sacrifício.

Mas quando isso será o bastante?

Será que algum dia vamos nos sentir mais realizados? Chegaremos a um ponto em que estaremos finalmente satisfeitos, quando encontraremos *shalom*, aquela palavra hebraica substancial e densa que expressa paz e plenitude?

O trem deixou a estação há centenas de anos — principalmente em busca do bem e de bênçãos. Mas os trilhos colocados tiveram consequências involuntárias.

Nossa elevação desequilibrada e monstruosamente desproporcional da liberdade pessoal, e o espírito de correria que a acompanha, não estão nos levando para onde realmente queremos ir. Na verdade, nossa busca pela liberdade *não está nos libertando.*

É fácil ver os danos causados pela correria em campos como o da sexualidade, que tem visto mudanças enormes e drásticas em um curto espaço de mais ou menos 50 anos. Foi até chamada de revolução sexual. E revoluções exclamam por *liberdade.*

Mas isso nos tornou mais livres?

Superficialmente, sim. E essa era sua meta.

Então o que significa liberdade em nossa cultura?

Nossa liberdade sexual significa ter e desfrutar do maior benefício pessoal e prazer possível com o menor limite, menos comprometimento e menos sacrifício.

Chegamos à conclusão lógica de nossas opiniões. Podemos ver qualquer coisa que desejarmos ou sonhar de forma sexual hoje. Buscamos e satisfazemos nossas necessidades e desejos sexuais absolutamente *sem atritos.*

Há uma cena em *Uma Mente Brilhante,* filme estrelado por Russell Crowe que conta a verdadeira história de John Nash, matemático vencedor do Prêmio Nobel, em que ele é forçado a conversar com uma mulher. Devido à sua inaptidão social, porém, ele descarta o tradicional ritual de paquera e de leitura nas entrelinhas. Então, se aproxima dela e diz: "Não sei exatamente o que preciso dizer para que você tenha uma relação sexual comigo. Mas poderíamos fingir que já disse tudo isso? Quero dizer, basicamente, estamos conversando sobre troca de fluidos, certo? Então, poderíamos ir apenas direto ao sexo?"[1]

Agora, o mais interessante sobre o que Nash diz é que isso não é chocante. E não é mesmo. Realmente, ele está dizendo a verdade sem qualquer jogo ou mensagem secreta.

Sexo em nossa cultura nada mais é do que dois adultos consentindo troca de fluidos enquanto pressionam com força seus corpos um no outro para autossatisfação.

"Você quer?" e "Você está disposto?" são as únicas perguntas necessárias para que a ideia de sexo em nossa cultura seja completamente bem-sucedida. E como as coisas estão indo?

Em resumo, nossa ideia de "liberdade" realmente nos levou à liberdade?

Será que nossa ideia de acabar com todos os limites e restrições cumpriu sua promessa?

Não parece ser o caso. Deveríamos estar mais conectados, mas certamente ainda somos a geração mais solitária que já existiu.

Parece que, de forma contínua, criamos um futuro exatamente oposto àquele que queremos.

Estamos buscando liberdade, mas nos tornando escravos. Por quê?

Meu palpite é o de que nossa visão de liberdade é errada e primária. A *verdadeira* liberdade tem restrições inerentes. Fronteiras. Amortecedores. E limites. Mas *limites* é o palavrão do século XXI. Como nos atrevemos a limitar as escolhas sexuais de alguém, suas aspirações profissionais ou qualquer outra coisa?

Se perguntássemos a paraquedistas como é a sensação da liberdade quando estão caindo de um pequeno avião a aproximadamente 18 mil pés do chão, tenho certeza de que as respostas seriam: "Emocionante. Muda a sua vida. Excitante. Absolutamente sem limites."

No entanto, a razão pela qual um paraquedista consegue experimentar a verdadeira liberdade naquele momento é uma forma de restrição — o paraquedas. O item cuja função é salvar vidas é, também, um "limite" na queda livre.

Assim como no paraquedismo, acho que a sexualidade é mais "livre" nos limites e restrições de uma aliança matrimonial. Onde há espaço para descobrir, aprender e ser livre com a mesma pessoa durante a vida sob uma promessa. Nossa cultura tenta nos convencer de que o casamento é uma prisão, mas parece muito claro que a escolha sexual infinita, tratar a sexualidade como se fosse um pedido de entrega de comida, seja o oposto de ser livre. A escolha final e desimpedida, removendo todos os limites, está nos tornando escravos.

Nossa atual cultura da correria não é diferente; tudo é para ultrapassar limites. É lutar por aquela falsa liberdade para fazer isso. Coma aquilo. Trabalhe assim. *Apenas. Trabalhe. Mais duro.* Faça mais contatos. Basta comprar minha aula magna e você, também, pode se tornar um milionário aos 19 anos.

Acredito que haja liberdade dentro dos limites. Liberdade em viver dentro de um projeto. Um esquema. Uma realidade externa. E estamos tentando afrouxar esses limites por nossa conta e risco.

E se *não pudermos ser* qualquer coisa que queremos ser?

E se a magia da vida fosse encontrada nas coisas banais, e viesse quando somos fiéis?

A LINHA DE MONTAGEM

Foi preciso apenas um monte de porcos e vacas abatidos em ganchos giratórios para dar a um CEO uma ideia que mudou o mundo.

O trabalho de um executivo geralmente é o de apagar incêndios, liderar com visão e consertar ou encontrar soluções para problemas recorrentes, mas esse CEO tinha um problema específico que ele tentava resolver. Ele havia inventado algo que estava começando a mudar e remodelar o mundo, e não conseguia produzir quantidades suficientes de seu produto de forma rápida o bastante. Como o que ele criou foi tão inovador e diferente, era enorme o nível de treinamento necessário para ensinar aos outros sobre sua invenção, e como passar a eles as habilidades para construir esse item do zero. Isso também levava tempo. Era necessário muito foco e energia, e pior, isso não era *escalável* — um jargão de nossa economia de trabalho tirânica de hoje.

Foi aí que esse executivo lembrou-se da indústria de acondicionamento de carne. Que uma pessoa não anda por aí atrás de cada animal e executa os milhões de passos necessários para que a vaca passe do estágio de animal vivo até chegar ao prato de comida de alguém. Em vez disso, empresas do ramo da mais alta qualidade não tinham uma só pessoa realizando todo o serviço, mas 19 paradas em uma fila. Os porcos e vacas vinham pendurados em ganchos e esses ganchos passavam para o fim da fila, enquanto cada funcionário ficava em sua posição e concluía uma pequena ação. Repetidamente. E ele percebeu que poderia trazer esse mesmo procedimento para sua invenção.

Seu nome era Henry Ford.

Sua invenção foi o revolucionário Modelo T.

E 7 de outubro de 1913 foi o primeiro dia oficial da linha de montagem móvel.

Desde então, o espírito da linha de montagem virou o mundo de cabeça para baixo.

Dizer que a visão de Ford sobre o automóvel e o modelo da linha de montagem mudou o mundo é um eufemismo. Isso não apenas mexeu com o planeta, mas também com a forma como nós *vemos* o mundo. Como o compreendemos.

De repente, num espaço de alguns anos, as pessoas conseguiam se mover de formas que antes não passavam de um sonho.

Antes da invenção de Ford, a maioria das pessoas estava confinada às poucas dezenas de quilômetros nos arredores de suas cidadezinhas e bairros. Isso porque cidades pequenas no sul rural dos Estados Unidos têm apenas cerca de 4 ou 6km de extensão: essa era aproximadamente a distância média que as pessoas estavam dispostas a andar e o trajeto máximo que transportavam carga via carroça e cavalo. O trajeto até a cidade mais próxima era um *grande* problema e uma baita "viagem", como costumamos dizer.

Mas, agora, com o automóvel e as estradas necessárias que vieram logo depois, os humanos se sentiam livres. Não há mais limites, poderiam ir a qualquer lugar. Foi a primeira vez na história que as pessoas usaram algum meio de transporte de forma mais ampla e consistente "de forma deliberada". Todos começavam a entrar nos carros e a dirigir para qualquer lugar — sem destino em mente. Eles davam uma volta só porque era divertido e sentiam o poder de liberdade. Foi assim que surgiu a expressão *voltinha de carro*.

Em 1913, a diversão, a felicidade, a liberdade e a busca por essas sensações atingiram outro patamar.

O consumo era o novo deus.

O banqueiro Paul Mazur, do Lehman Brothers, durante este período, sabia que essa era uma grande mudança da qual bancos e outras pessoas poderosas poderiam se beneficiar demais se eles intencionalmente nos levassem àquela direção. Seu pensamento equivalia a isto: devemos mudar os EUA de uma cultura de necessidades para uma de desejos. As pessoas devem ser treinadas para desejar, querer novas coisas mesmo antes de as antigas serem inteiramente consumidas. Os desejos do homem devem ofuscar suas necessidades.[2]

E aqui está a verdade — a linha de montagem não é apenas algo que fazíamos. Era algo feito para nós.

Somos criaturas de linha de montagem.

Essa invenção colocou o mundo em uma direção diferente e mudou tudo.

Se a correria precisasse de uma data de nascimento, diria que foi no dia que a linha de montagem nasceu. Ela tornou a eficiência um deus. Assim como o tempo. Ela criou a busca final do lucro acima de tudo, e nos deu o princípio operacional de fornecer a menor quantidade de energia para o maior retorno.

Essa é a premissa de todos os podcasts que ouvimos. Os de trabalho extra. Os de como simplificar a vida, feitos por um jovem privilegiado. Os dos empreendedores estridentes e exageradamente apaixonados que, na verdade, não estão falando nada com nada.

Ou, até mesmo, é a meta por trás de nosso trabalho extra e das empresas que se tornaram famosas por conta do Instagram.

Hoje, até mesmo nosso modelo de salvação (ou nosso modelo de desenvolvimento pessoal ou modelo de negócios) está essencialmente reproduzindo aquele dia em 1913 — repetidamente.

Criamos um cristianismo de linha de montagem. Em vez de investir em relacionamentos e interações cara a cara com outras pessoas, trazemos nossos amigos para a igreja e os colocamos na esteira rolante do "culto de domingo", onde, em

90 minutos, eles podem se sentir bem espiritualmente, cantar algumas músicas, receber uma mensagem de encorajamento, tomar um café e então ouvir um pastor dizer a eles que, se quiserem seguir a Jesus, devem "fazer tal oração". Levaria muito tempo para conectar cada uma dessas pessoas com outra pessoa na igreja, e talvez uma família ou pessoa "adotasse" essa pessoa espiritualmente para caminharem juntos, fazer perguntas difíceis, fazer refeições juntos... por isso, vamos todos repetir comigo.

Se eu acho que Jesus ainda está ativo, vivo e presente, caminhando por aqui? Certamente. Mas acredito que isso acontece apesar de nós, não por nossa causa.

Também não quero dizer que um carro feito numa linha de montagem é maligno. Ele é incrível.

O que quero dizer é: *sempre podemos fazer trocas.*

Concessões. Desdobramentos. Alterações.

Será que alguma vez pensamos nisso? Aceitamos bem essa questão? Às vezes nem mesmo precisamos mudar nada para encontrar o melhor caminho — apenas estarmos cientes de como as coisas estão nos moldando é o suficiente para nos afetar.

Os carros nos permitiram ir mais longe e fazer mais. Porém, eles também criaram uma nação de consumidores, basicamente concebendo o primeiro produto fabricado em larga escala que todos desejavam e podiam adquirir.

Pesticidas nos ajudam a matar insetos que arruínam nossas plantações. Mas eles também nos matam.

Foi por meio da lâmpada que pudemos fazer inúmeras coisas. Ainda assim, enganamos a escuridão à noite e hoje nosso sono é o pior da história, porque nossos ritmos circadianos (períodos de 24 horas sobre os quais se baseia o ciclo biológico de quase todos os seres vivos) são interrompidos.

Começamos a valorizar mais a privacidade. Logo, os quintais cresceram e as varandas da frente diminuíram.

De repente, não conhecemos nossos vizinhos, e a privacidade é nossa meta.

Graças aos carros, tecnologia e riqueza, não *precisamos* conhecer nossos vizinhos. Somos autossustentáveis. O velho estereótipo de pedir ao vizinho um pouco de manteiga ou açúcar quando for preciso não é mais uma necessidade. Basta apertar alguns botões naquele dispositivo brilhante retangular no seu bolso e o serviço *Prime Now* da Amazon fará com que o açúcar seja entregue diretamente na sua porta (enquanto a empresa paga um salário desumano e opressor aos seus funcionários para conseguir realizar tal feito). A Amazon é o nosso novo vizinho. E nada amigável.

Conscientemente ou não, tratamos tudo o que tocamos na vida — relacionamentos, posses, empregos e muito mais — de forma similar ao canudo de plástico que recebemos toda vez que pegamos uma bebida no *drive-thru*. Como algo descartável. Feito para servir a curto prazo. E criamos uma cultura de pressão constante, em que o foco é o que posso obter de alguma coisa pelo mínimo de trabalho e máximo de benefício e conveniência.

Somos como o sapo na água. Não percebemos que a temperatura tem subido lentamente desde o minuto em que o primeiro Modelo T saiu da linha de montagem.

O escritor David Foster Wallace conta a história de "dois jovens peixes que nadavam juntos e, por um acaso, encontram um peixe mais velho nadando de outra forma, que acena para eles e diz: 'Bom dia, garotos, como está a água?' Os dois jovens peixes nadam por um tempo até que finalmente um olha para o outro e diz: 'O que diabos é água?'"[3]

E aqui está a parte interessante. Quando algo é tão novo (existente há umas duas ou três gerações), ainda é basicamente um experimento. Não há uma opinião formada. Só porque parece que as coisas têm sempre sido feitas desse jeito, mas é preciso reconhecer justamente o contrário. Nós alteramos radicalmente e mudamos tudo sobre como vivemos e organizamos a sociedade — desde a linha de montagem à industrialização de cada mercado, da agricultura às roupas — e todos nos beneficiaríamos de uma pausa. No passado, havia formas diferentes de viver, e aqueles que resistem ao impulso cultural agora têm outras também. Um experimento precisa de um período em que as pessoas param, observam o que está acontecendo e se perguntam: *"Como nos sentimos sobre isso?"*

Em 1820, cerca de 70% de toda força de trabalho dos Estados Unidos era composta por fazendeiros. Era uma *nação* de fazendeiros.

Hoje? É de cerca de 1,5%.[4]

Há duas palavras que descrevem essa imensa mudança.

Revolução Industrial.

O período em que fundamentalmente mudamos a forma como trabalhamos, vivemos, comungamos e vemos muitas coisas na vida.

Agora, aqui está o problema: não acho que precisemos voltar aos tempos dos fazendeiros. Mas realmente acredito que esse salto tão rápido de uma sociedade agrária para a industrial criou danos colaterais. Precisamos perguntar: Perdemos algo quando ficamos sem esse estilo de vida?

Acho que sim.

Embora, é claro, os benefícios tenham sido imensos em termos de produtividade. Nossa escala de produção de alimentos tem diminuído os custos, e outras indústrias nos deram muito mais benefícios.

Mas o que isso nos custou?

A primeira coisa é que a agricultura e a industrialização tendem a encarar o trabalho de formas fundamentalmente diferentes.

Os agricultores tendem a se submeter a limites. Os limites do tempo, estações, solo e colheitas.

Já os defensores da industrialização fazem o oposto. O télos muda. Ele é principalmente conduzido pelos deuses do lucro e eficiência, por isso tende a ultrapassar os limites. Trata-se de buscar qualquer forma de possivelmente burlar o sistema para um rendimento maior, que é também mais barato e melhor.

O espírito da inovação é uma bênção e foi o que nos tornou tão bem-sucedidos em muitas áreas hoje. Ele é um pilar para nossa cultura. Contudo, certamente não demos atenção aos lembretes visuais encontrados no solo, sol, água e estações que nos dizem que somos criaturas de limites.

E criaturas de ritual.

O poeta e autor Wendell Berry diz que, da mesma forma que a mente industrial (de produção, eficiência de massa e pouca integração) entrou de fininho na agricultura (nesse caso, produtos químicos e máquinas para extrair mais de menos), por outro lado, e isso é uma boa notícia, uma mente agrária pode fazer parte de um estilo de vida industrial.[5]

Ou seja, o trem deixou a estação. Não vamos voltar a ser uma sociedade agrária. Mas podemos trazer alguns princípios agrários para o nosso trabalho e mentalidade industrializadas.

Você poderia perguntar: *O que torna algo agrário?* Acredito que seja o ritmo. Ritual. Temporadas. E integração.

Rituais são hábitos de sentido que nos dão firmeza e acrescentam profundidade às nossas vidas. São as práticas repetíveis que vêm pré-carregadas com imagens e beleza sagradas. Embora ainda tenhamos rituais em nossas vidas ocidentais, como casamentos e funerais, na maioria das vezes, nós nos livramos ou não mais acreditamos neles. Porém, muitas comunidades minoritárias têm sabiamente se agarrado a essa riqueza e profundidade de ritual. Pense em como uma garota latino-americana celebra sua festa de 15 anos, ou em um *bar mitzvah* judaico. É uma celebração imensamente bela e rica, marcando a transição da infância para a idade adulta de sentido e responsabilidade.

Por outro lado, o caráter cultural norte-americano predominante com ritos ou rituais de passagem é muito mais simples. Muito frágil e menos significativo. Não há nenhuma transição importante nos anos da adolescência, nenhum rito que envolva algo relevante, uma liderança importante ou responsabilidade; em vez disso, por padrão, seu momento de transição nessa idade chega quando eles ganham um iPhone e recebem sua carteira de motorista. Basicamente, *em vez de ser conectado à comunidade, ele recebe este dispositivo que o conecta a outros que têm menos intimidade e apreço por você, e não a nós. E um documento com sua foto que pode levá-lo em direção a outras pessoas e para longe de nós.*

Ritmo significa viver a vida com música e cadência. É voltar para algo, grande ou pequeno, repetidas vezes, como uma forma de lembrar e recordar. Pense em ritmos como suas vitaminas diárias de nutrição, que são diferentes do que comemos rotineiramente. A rotina é o mingau de aveia, enquanto os ritmos são o jantar chique em um restaurante três estrelas Michelin. Ambos o alimentam e oferecem vida, mas uma experiência é cara e a outra é passível de esquecimento, porém necessária. Meu dever de aparar a grama uma vez por semana é uma rotina. O dever de nossa família de fazer um grande jantar juntos no sabá, todas as noites de sexta, é um ritmo. É o momento alto da nossa semana, uma prática que cultivamos durante os últimos cinco anos de organizar um dia inteiro à parte para nossa família descansar, deleitar-se com Jesus, se reabastecer e dançar em comemoração à graça. Sabe o ponto alto do Dia de Ação de Graças, com o banquete e a atmosfera de festa e toda sua família e amigos reunidos em torno de uma mesa? Isso é o que tentamos fazer, em versão menor, todas as noites de sexta. Esse é o nosso ritmo.

Como cultura, estamos perdendo rituais e ritmo. Estamos ficando sem raízes, profundidade e uma base de sustentação. Porque tempo, ritmo e ritual não são mais forças externas às quais devemos nos submeter. São coisas que podemos dobrar, cortar e destruir. Ou achamos que podemos.

E como nos sentimos sobre isso?

Um Ritual Melhor

Um dos componentes peculiares de uma sociedade secular como a nossa é o de que, não importa com que intensidade fujamos de algo que seja sagrado e conectado ao nosso DNA, ele acaba nos encontrando de várias formas.

Por exemplo, perdemos muitos dos nossos rituais ou ritos de passagem. Bem, com exceção de alguns lugares — especificamente em gangues.

Nós nos perguntamos porque as pessoas se juntam para ritos como esse, mas somos criaturas de significado — caçamos e buscamos isso por toda a vida, conscientemente ou não. Nossa vida inteira nos obriga a farejar metaforicamente o chão tentando capturar o cheiro mais fraco de algo que nos fará sentir alguma coisa. Estamos desesperados por profundidade, totalidade e realização. Ansiando e rastejando por qualquer senso de significado e riqueza que possamos encontrar.

Em outras palavras, não conseguimos viver sem *propósito*.

E algo sobre esse propósito nos firma de um jeito que nada mais faz. Mesmo que em meio a circunstâncias horríveis.

É por isso que Viktor Frankl diz em *O Homem em Busca de um Sentido*, seu famoso livro que narra o tempo que passou em um campo de concentração nazista, que as pessoas que tinham mais chance de sobreviver à brutalidade do campo de concentração eram aquelas que se agarravam a um propósito. Eles tinham um *sentido*.[6]

Não podemos viver sem isso.

Uma mulher se recusou a deixar que as condições brutais do campo de concentração de Auschwitz a impedissem de honrar o sabá judaico, um ritual de sentido e propósito — com isso, toda sexta-feira ela guardava um pouco da margarina que recebia e usava para fazer duas pequenas velas, e até tirava alguns fios dos seus vestidos para fazer os pavios. E, toda noite de sexta, em meio a uma das piores demonstrações de maldade dos últimos tempos, ela resistia. Eles podiam tirar sua liberdade. Tirar seus recursos. Tirar tudo, incluindo sua vida. Mas eles não podiam tirar o significado do seu ritual de acender velas toda sexta-feira, antes do pôr do sol, para abrir o dia do descanso semanal no judaísmo e receber Deus em sua alma não importa onde ela estivesse — mesmo em um campo de concentração.

Aquelas pequenas velas eram um ato de resistência.[7] Um ato de rebeldia. Elas a conectaram a Deus e às pessoas que compartilhavam dessa mesma fé. Ela recebia delas a força da comunidade. Eram sua forma de dizer: *vocês podem conseguir tirar a minha casa, minhas posses e meus relacionamentos, mas não podem tirar meu significado. Minha identidade. Meu principal senso de propósito.*

Então a pergunta rapidamente passa a ser: Como podemos extinguir nossos rituais mais comuns e substitui-los por algo muito melhor? A maioria dos nossos comportamentos em rituais é orientada a satisfazer nossos cinco sentidos, como fazer café às 6h em ponto porque não podemos viver sem a cafeína. Ou, para muitos de nós, pegar nosso celular da mesa de cabeceira no minuto em que acordamos, assim podemos participar do ritual de dar uma olhada na linha do tempo. Eles não estão conectados a um sentido mais profundo; são apenas orientados ao consumo e interesses próprios.

Buscar curtidas e comentários nas redes sociais pode, na verdade, ser o maior ritual da atualidade — uma religião completa, em que o sacrifício somos nós mesmos, o pastor é Mark Zuckerberg e o deus que estamos adorando é o deus de *alguém me disse que eu sou bom o bastante.* Queremos ser aceitos e sentimos que podemos fazer isso se recebermos microafirmações diárias de pessoas que mal conhecemos, ou tivermos as últimas informações ou fofocas sobre nossos amigos e as celebridades no YouTube ou em outra rede social.

É por isso que sempre acho um pouco engraçado quando notícias lamentam a morte da religião: "Os millennials estão deixando a igreja!"

Não, eles não estão. Só estão indo para outra.

Somos fiéis leais — à igreja do *eu.* Ou ao ritual de deslizar para a direita todo fim de semana. Ou ao templo do Coachella e do Burning Man, onde adoramos com entusiasmo nossos deuses e ícones chamados Beyoncé e Kendrick Lamar.

São coisas para as quais nos voltamos, repetidamente, em busca de sentido.

É interessante como zombamos de culturas antigas, com brutais e bárbaros ritos de passagem, como o da tribo Mawé, que sujeitava seus meninos a picadas de formigas bala, uma das mais dolorosas no mundo dos insetos. (No índice de dor de picada de Schmidt, que vai de 1 a 4, a formiga bala é classificada como 4+). Uma luva feita de folhas é preenchida com as formigas e os meninos devem usá-la por 20 minutos enquanto dançam no meio da comunidade como um rito de passagem da infância para a idade adulta. Desumano? Talvez. Mas e se eles estiverem pensando em alguma coisa? E se ter alguma prática de transição fosse melhor do que o que não temos (menos as partes que nos dão arrepios)? Os métodos podem ser suspeitos, mas posso imaginar que a lição de "não sou mais uma criança apenas destinada a receber, e sim um líder nesta comunidade, estruturado principalmente para suportar e absorver a dor em nome daqueles para os quais agora estou servindo e liderando" seja um louvável ensinamento que muitos de nós teriam sido melhores se recebessem.

Você acha que é apenas uma coincidência que tenhamos uma crise de adolescência prolongada, com meninos sem visão e propósito, e muitos ainda desperdiçando seus 30 anos fazendo coisas que já eram inapropriadas em sua adolescência, como dormir por aí, jogar videogames, não se responsabilizar por suas vidas e sugar família e amigos?[8] Nós vagamos tentando "nos encontrar". No entanto, a autodescoberta em nossa cultura é apenas outra forma de autodestruição.

Recentemente, um jornalista da *National Geographic* passou um tempo com a tribo Bukusu, na região ocidental do Quênia, e testemunhou a transição dolorosa de seus meninos para a idade adulta, por volta dos 14 anos. A cerimônia termina com sua circuncisão, com a tribo ao redor. O jornalista, justamente horrorizado, também sentiu uma inquietação.

"Espanto à parte, foi difícil não admirar, ainda que relutantemente, uma cultura que proporciona aos meninos um caminho tão ambíguo para a idade adulta. Os passos estão claramente marcados. A faca e o corte inegavelmente tornam tudo real." [9]

Infelizmente, muito do espírito do Ocidente gira em torno de pensar que não só somos mais avançados do que culturas tribais, mas também estamos mais do que contentes de termos deixado para trás todas as suas práticas não civilizadas. Enquanto certamente há avanços em como estruturamos a cultura, me pego pensando no que perdemos. Será que deixamos para trás algumas das coisas que acreditamos que eram prejudiciais, mas as substituímos por uma sociedade dominada pela ansiedade, insana e excessivamente conectada, focada em si mesma e individualista?

Vou lhe contar o que deixamos para trás.

Deixamos para trás o significado. E eu o quero de volta.

Entrando em Colapso

"Jeff, Alyssa é o alarme de incêndio da sua família. É bom ouvi-la antes que sua vida vire cinzas."

Essas palavras vieram de nossos mentores. Alyssa e eu tínhamos atingido o impasse matrimonial que mencionei anteriormente. Estávamos andando em círculos, tendo as mesmas brigas, da mesma forma, repetidamente. Sabíamos que precisávamos de ajuda, então ligamos para eles e explicamos tudo.

Não lembro de quantas vezes um breve comentário de alguém mudou minha vida. Mas esse foi um deles.

Isso foi há cerca de cinco anos. Estava fadado à exaustão e levando a minha família comigo. Tínhamos acabado de nos mudar para o Havaí e vinha fazendo um milhão de coisas de trabalho, tudo sem muita direção e propósito. Viajava por todo o país de avião para dar palestras por 30 ou mais fins de semana por ano, provavelmente, enquanto minha esposa estava em casa com uma criança de quase 2 anos e um bebê na barriga.

Acho que a maioria das pessoas não percebe isso, mas o Havaí é, literalmente, o mais distante de todos os lugares do mundo. Ou seja, há mais oceano entre o Havaí e a próxima área urbana de tamanho considerável do que em qualquer lugar do mundo. Por isso, quando digo que era preciso dar a volta ao mundo por quatro dias apenas para dar uma palestra de 30 minutos, estava falando a verdade.

Eu dava a palestra, embarcava no avião de volta e voava por 2 dias seguidos, chegava em casa exausto, olhava para minha esposa, que estava afundando, e tentava fingir que nunca tinha saído. (A propósito, é algo que não funciona de jeito nenhum. Acabamos aprendendo que quando viajo, agora em raras ocasiões, há um período de reajuste de 2 a 3 dias para todos.)

Mas aqui está a parte mais difícil — eu realmente gostava de viajar e dar minhas palestras. Era divertido. E recompensador! Sinto-me vivo quando converso com outras pessoas sobre grandes ideias.

Mas isso não era sustentável. E também não era o melhor para mim, ou para nossa família. Estávamos indo em direção ao caos.

Na verdade, nunca parei para me perguntar: Isso se encaixa no ritmo da nossa família?

Existe uma forma de viver para que eu não perca minha humanidade, mas realmente viva nela? Em que em vez da correria eu me concentre em me tornar alguém?

A ideia de sucesso do mundo pode ser fazer um monte de coisas — escrever um livro, abrir um negócio, fazer trilha naquela montanha, rejeitar a ideia de ter mais filhos. Mas isso é sucesso? Quero dizer, é claro que devemos trabalhar duro. Trabalhar bem. E dizer sim para coisas boas que aparecem no nosso caminho. Mas há um limite? Será que isso é o bastante?

E se a ideia de sucesso de Deus não for sobre o que você faz, mas quem você é? E se o objetivo de seguir a Jesus for, na verdade, sobre se tornar completamente humano? Incorporar a pessoa que você foi criado para ser e resistir à adoração da velocidade, correria, atividade, barulho, fama e conhecimento da nossa cultura?

Precisamos valorizar o que nossa cultura não valoriza.

É a hora de parar de fazer e começar a se transformar.

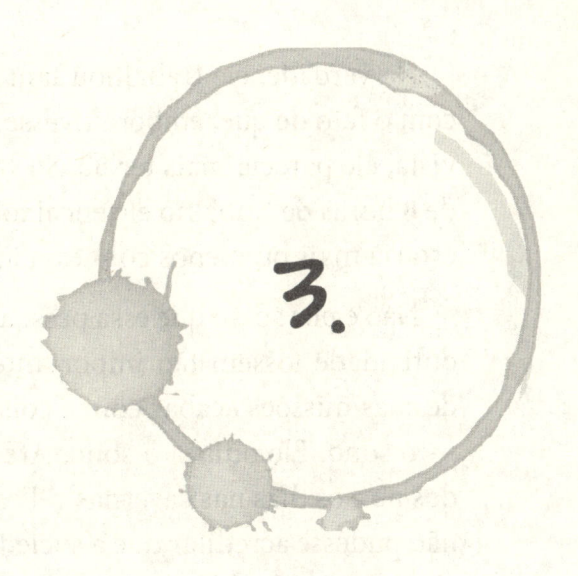

3.

MÚSICA DO CAOS

Orison Marden foi um escritor no fim dos anos 1800. Para um projeto literário específico, ele resolveu descobrir e entrevistar um gigante do seu tempo, questionando o segredo por trás do seu impacto no mundo. Uma das primeiras perguntas de Marden foi sobre "a energia incansável e resistência fenomenal"[1] desse homem notável.

A resposta? Esse homem havia trabalhado uma média de 20 horas por dia durante os últimos 15 anos. E não era simplesmente ficar acordado por 20 horas direto, o que já seria algo desumano por si só — ele tinha uma média de 20 horas por dia *trabalhando. Por 15 anos.*

Na verdade, ele trabalhou tanto que podia até fazer piada com o fato de que, embora tivesse 47 anos na época da entrevista, ele parecia mais ter 82. Se você calculasse quantos dias de 8 horas de trabalho ele encaixou em sua jornada de 20, ele estaria mais ou menos com essa idade.[2]

Não é por acaso que essa pessoa achava que trabalho e produtividade fossem tão importantes, a ponto de tornar uma de suas missões acabar com a coisa que mais lhe atrapalhava — o sono. Ele odiava o sono. Até chamava isso de "herança dos nossos dias nas cavernas".[3] Era como se ele simplesmente não pudesse acreditar que a sociedade não tivesse progredido além dessa atividade ineficaz.

Quem era essa pessoa? Esse homem que odiava dormir e era, sem dúvida, fortemente viciado em trabalho, hábito esse que com certeza causou grandes danos à sua saúde?

Bem, foi essa mesma pessoa que definiu para si a missão de criar e inventar coisas que lhe permitissem ludibriar aquilo que odiava.

Thomas Edison.

O ano?

Era 1879, o ano em que nossa cultura fez uma troca com a qual não contávamos totalmente — a lâmpada.

Algo que Edison firmemente acreditava que poderia nos tirar dos "dias nas cavernas", mesmo indo ao ponto de comentar como ele acreditava que a luz artificial parecia tornar as pessoas mais inteligentes:

> Quando atravessei a Suíça de carro para visitar pequenas cidades e vilarejos, notei o efeito da luz artificial nos

habitantes. Onde energia hidrelétrica e luz elétrica tinham sido desenvolvidas, todos pareciam normalmente inteligentes. Onde estes mecanismos não existiam e os nativos iam para a cama com as galinhas, ficando lá até a luz do dia, eles eram muito menos inteligentes.[4]

Ah, sim, é isso. Quando sua lâmpada está acesa, você deve ser uma pessoa mais esperta. Eu me pergunto se foi daí que surgiu o símbolo cultural engraçado de uma lâmpada sobre a cabeça quando alguém tem uma grande ideia.

De fato, essa é a origem. Foram tiradas muitas fotos de Edison segurando uma lâmpada e, ao longo do tempo, em vez de dizer que alguém era esperto ou criativo, começávamos a falar que essa pessoa era "brilhante".

É engraçado como a crença nasce no mundo.

Criamos o que queremos ver. Somos motivados por nossa visão para o mundo.

Edison odiava o sono, então inventou algo que o ajudou a driblá-lo — e isso alterou para sempre como estruturamos a vida. Antes de Edison, o pôr do sol significava que a principal atividade daquele dia se encerrava. Depois de Edison, aquele era o momento em que ela começava.

Agora, as pesquisas de hoje não só contradizem completamente a visão de Edison sobre o sono, como também não é por acaso que a invenção pela qual ele é mais famoso, na verdade, seja o principal dispositivo responsável pela interrupção e qualidade do sono durante os últimos 130 anos. Usamos isso para nos enganarmos com relação ao descanso de que precisamos, conforme nos apressamos e testamos nossos limites.

Está claro que temos de dormir. Começamos a pifar e a entrar em crise se não o fizermos. Quando não temos um sono adequado, aumentamos nosso risco de demência em 33%, fora outros índices muito maiores para depressão, ansiedade e perda de memória. Literalmente, perdemos anos de nossas vidas — diz-se que a privação de sono crônica reduz em 3 a 5 anos a idade dos nossos cérebros. Somos quase 50% mais suscetíveis a desenvolver doenças cardíacas, 3 vezes mais sujeitos a pegar um resfriado, temos 50% a mais de chances de ficarmos obesos e nosso corpo começa a ter desequilíbrios hormonais incomuns, o que afeta nossos desejos, o apetite e muito mais.[5]

Queremos cada vez mais com menos e, por isso, continuamos trapaceando de outras formas, inclusive com o solo em que cultivamos nossos alimentos.

Nossas técnicas de fertilização acabaram mudando a composição do solo como conhecíamos, levando à lei dos rendimentos decrescentes. A maior parte da terra cultivada não pode mais se recuperar e os nutrientes que a restauram desapareceram. Então, qual é a nossa solução para "consertar" o problema? Usamos mais fertilizantes.

Nosso modo de operar é empurrar os limites o mais longe possível e, ao encontrar um obstáculo, acharemos alguns produtos químicos ou drogas para intervir e nos ajudar artificialmente a avançar. Tanto o solo quanto nossos corpos ficam exaustos — literalmente, esgotamos a vida que havia neles. A resposta para isso é a rotação de culturas, em que constantemente alternamos certas áreas de agricultura entre plantio e descanso. Mas isso é difícil economicamente para os agricultores, então alguns decidem gastar mais dólares em curto prazo usando todos os campos o tempo todo. Parece muito para os nossos corpos, certo? Fomos feitos para um equilíbrio entre trabalho e descanso, mas, alimentados pelo deus da economia, preferimos testar os limites para tirar algum dinheiro.[6]

Um ciclo para enganar a escuridão, as áreas de plantio e nossos corpos. Porque queremos chegar lá mais rápido.

Um ciclo de extorsão. Porque queremos mais de alguma coisa em relação ao que os outros estão dispostos ou são capazes de dar.

E de brincar de Deus. Porque Deus não tem limites, enquanto humanos têm. E preferimos mais ser o primeiro.

Mas e se, na tentativa de ser Deus, nos esquecermos de como ser humanos?

De viver, na realidade, *dentro* de nossos limites. Acreditar que existe um ritmo nas coisas que pode nos tornar mais plenos novamente. Acreditar que coisas como o silêncio são um presente. Que aquele sabá é um presente. E que a obscuridade de ser um desconhecido sem fama, que é o télos para muitos de nós, não é uma maldição, mas um presente enorme.

Estamos correndo. Estamos cansados. Estamos esgotados.

Somos criaturas do caos, por natureza da maldição, em que o pecado inundou a criação sagrada e boa de Deus, destruindo e desfazendo tudo criado por Ele. E ainda estamos destruindo a nós mesmos e o nosso mundo hoje.

No entanto, sabemos que nascemos como criaturas de significado, por natureza do relato da criação.

Sentimos isso em nossos ossos. Vemos isso em nossas vidas. Isso se desenvolve em nossas mentes, casamentos, trabalhos e corações.

É por isso que, de alguma forma, podemos trabalhar 64 horas por semana em nosso emprego, mas quando nossa esposa pede uma saidinha a dois de uma hora toda segunda-feira, dizemos que não temos tempo. Ou que é "demais".

É por isso que apertamos um monte de botões em um computador para trabalhar a semana toda e, de algum modo, chegamos na sexta-feira e nos perguntamos: *O que eu fiz a semana toda? O que eu realizei?*

É por isso que sentimos que há uma força externa no mundo, apenas nos arrastando pelos nossos dias e nossas responsabilidades e prioridades, e nos sentimos prisioneiros do deus da urgência, correria e caos.

Mas sabe o que é engraçado?

O caos não é novo.

Ele estava aqui primeiro.

No Início

"A terra era deserta e vazia, as trevas cobriam o abismo e um vento poderoso estava soprando sobre a superfície das águas" (trecho adaptado de Gênesis 1:1,2).

No início... A terra era *tohu wa-bohu* (expressão em hebraico). Advinha como *tohu* pode ser traduzido?

Caos.

A terra era caos e desolação. As trevas cobriam o abismo, e o Espírito de Deus estava pairando sobre as águas.

Não é segredo que, na antiga cultura judaica, a água representava as forças primordiais do mal, das trevas e do caos. Portanto, o cenário estabelecido na primeira página das Escrituras Hebraicas é esse, de caos e trevas.

E, mesmo assim, encontramos o Espírito lá.

Pairando.

O único outro lugar em que encontramos a palavra traduzida como "pairando" nas Escrituras está em Deuteronômio 32:11, que descreve uma mãe pássaro agitando e batendo as asas sobre seus filhotes, cobrindo-os e estimulando-os a voar.

Deus não tem medo do caos em nossas vidas.

Ele não vai desaparecer. Ele não está distante.

Mas ele nos estimula a voar.

E, então, qual é o antídoto para o caos? Para a fragmentação e as fraturas de todas as coisas?

É shalom, que significa "paz". Mas, quando dizemos a palavra *paz*, alguns de nós pensam na paz hippie psicodélica dos anos 70, e não é isso o que shalom significa. De fato, todas as letras em hebraico que formam a palavra *paz* estão tentando nos dizer algo.

Shalom em hebraico é שלם,

Mas vamos dividir essas três letras porque, em hebraico, cada letra pode ter seu próprio significado (e lembre-se também de que o hebraico é lido da direita para a esquerda).

מ Mem: água, caos;

ל Lamed: o cajado, a autoridade;

ש Shin: dentes, destruir, consumir.

O verdadeiro shalom tem peso. Significa ter os dentes para destruir a autoridade do caos.

E, ainda melhor, sabe o que *Jerusalém* significa?

É uma combinação de duas palavras — *yeru* e shalom. E *yeru* pode ser traduzido como "você verá".

Portanto, Jerusalém significa "você verá a boca da paz destruir a autoridade do caos". É a cidade onde reina a paz, a benção e a plenitude.

De onde a escuridão é banida.

A luz está brilhando.

E, de alguma forma, acho que Jerusalém é uma metáfora ou destino para todos nós.

Não é por acaso que, exatamente no fim das Escrituras, o lugar que Deus designou para ser a linha de chegada de nossa história — onde todas as coisas são renovadas — é chamado de "nova Jerusalém" (Apocalipse 21:2).

Todos somos peregrinos neste caminho. Estamos indo em direção ao caos ou colocando um pé na frente do outro em nossa longa e árdua jornada em direção à cidade da paz e shalom. A nova Jerusalém.

O Fim do Caos

Lembro-me da dor visceral e ardente como se fosse ontem. Mas não foi ontem. Isso foi há uma década.

E eu estava com *dor*.

Não por causa de um acidente físico, mas pelas minhas escolhas na vida. Minha primeira namorada tinha terminado comigo — a única com quem pensei que fosse me casar. E, como não sabia o que queria fazer da vida, a não ser me casar com ela, eu me senti perdido. Sem direção. Como se fosse empurrado para dentro de um caixão e enterrado vivo. Batendo no peito, mas sem espaço para ir a lugar nenhum.

Foi quando tive o primeiro pensamento de acabar com tudo. Somente as pessoas que passaram por isso entendem, mas existe um ponto em que a dor emocional e mental pode atingir níveis tão extremos que ela entra no seu corpo e você se sente fisicamente doente. É como um ácido em sua alma. Queima profundamente.

Então, você só quer que termine.

Eu me lembro de dormir. Muito. De não querer fazer nada além de dormir durante o dia. De matar aulas. De perder reuniões ou prazos importantes. Porque o único momento em que o alívio vinha era quando meus olhos estavam fechados.

Era o único momento em que o caos parava.

Aquelas águas primordiais que estavam correndo, agitando e batendo nas primeiras frases da passagem do Gênesis pareciam estar no meu coração.

Apenas 12 meses antes, tive um encontro profundo com Jesus no dormitório da minha pequena universidade à beira-mar, em San Diego, mas não sentia que muita coisa estivesse mudando.

Isso aumentou o sentimento de caos. Eu me perguntava: Fiz isso errado? Perdi algum passo?

Pensei que, quando começasse a seguir Jesus, as coisas deveriam melhorar. Se isso fosse verdade, por que estavam piorando? Por que doíam mais em vez de menos?

Talvez seja porque, quando estamos mortos, não conseguimos sentir nada. Mas, uma vez vivos, significa que nossos sentidos estão também.

Uma pessoa morta pode sentir o caos? Se um cadáver for pego em um tornado, esse corpo experimenta mesmo algo? Somente quando estamos vivos é que podemos realmente ficar assustados quando vemos o que está acontecendo.

Ou talvez seja porque agora eu tinha a tarefa de inverter o sentido de um trem de carga que continha impulsos, há quase duas décadas, de decisões egocêntricas sobre o que eu queria. O que me parecia melhor. O que era melhor para mim.

Pensava que seguir Jesus tornaria as coisas mais fáceis. Achava que meus problemas desapareceriam.

Sou o tipo de pessoa que arrisca tudo quando vai em direção a alguma coisa ou faz uma mudança. E isso significa que estava lendo 3 livros por semana sobre teologia, frequentando 2 grupos de oração, indo à igreja todo domingo e participando de 19 grupos de prestação de contas (tudo bem, essa última atividade é um exagero).

Mas não demorou muito para eu pensar: "É isso?" Pensei que havia mais.

Levei anos para perceber que tudo o que tinha feito era trocar as roupas dos meus problemas. Eles ainda eram os mesmos. Ainda estava despedaçado como antes. Minha vida ainda estava desconectada como antes. Na verdade, nunca deixei o que eu acreditava entrar nos meus hábitos ou rituais diários normais, que é onde a mudança, crescimento, alegria e o significado realmente acontecem.

Estava tentando construir minhas crenças e bens morais sobre uma base de caos. Comecei a fazer um monte de coisas cristãs, mas não estava dando atenção à fundação estrutural que todo humano precisa para prosperar.

Aqui está outra forma de dizer: a grande diferença entre caos e shalom é o ritmo.

O caos é imprevisível e sem ritmo. Ele não tem uma cadência definida.

Mas o shalom é mais uma dança que depende do ritmo da música.

Você já parou e se perguntou o que faz a música ser, de fato, *música*?

Se eu pegar uma colher e bater na minha tigela, não é música. Mas se eu bater na minha tigela com ela mais uma vez, depois bater nela de novo, e de novo, em um certo tempo, isso vira música.

O elemento fundamental da música é o ritmo. E, se você parar para pensar, o ritmo é uma coisa divertida. Ele é a força que mantém a música avançando, mas também é algo ao qual ela segue voltando.

Ritmo é tudo.

Você já ouviu alguém aprender a tocar um instrumento novo? Normalmente, essa pessoa produz uma série de notas aleatórias que soam terríveis. O barulho é irritante. Machuca os seus ouvidos. Existem sons, mas não um ritmo. Então, o primeiro passo é criar um tempo. Aprender a seguir o ritmo.

Isso me lembra aqueles alunos nas festas do ensino médio, cujos movimentos me fazem pensar: *"O que diabos vocês estão fazendo agora?"* A ironia é que dançar é uma forma de autoexpressão. Você pode fazer o que quiser. Há liberdade na dança — até certo ponto. Porque você ainda precisa se submeter ao ritmo, ou seus movimentos parecerão estranhos, desordenados e embaraçosos. É preciso sentir a batida e se encontrar na cadência.

E se nossas vidas forem assim? E se estivermos dançando pela vida acreditando que estamos indo para um ritmo tranquilo, quando, na verdade, não estamos sincronizados com a batida, mas perdendo passos e cambaleando de forma irreconhecível? Estamos dizendo a todos como somos livres, mas nenhuma pessoa sã olharia para nossa dança e diria que ela é linda. Ela não parece muito boa e todos sabemos quando fazemos isso. Nós não estamos seguindo o ritmo da música ao nosso redor. Então, como encontramos esse ritmo? Como moldamos nossa dança em torno do ritmo constante e intencional da música?

A Canção na Outra Sala

Uma das experiências mais mágicas que Alyssa e eu já tivemos foi assistir a um show da Adele. Um amigo nos surpreendeu com ingressos e esse presente nos permitiu ver uma performance dela ao vivo, sem muita produção ou música de fundo. Por 2 horas, ela cantou para uma multidão de 20 mil pessoas no que foi uma das exibições mais belas de criatividade e poder humano que já vimos.

Eu me lembro de chorar algumas vezes — não com a emoção das palavras, mas com o poder puro e a beleza inerentes ao som. Isso não é ciência; você não pode medir isso, mas simplesmente *sabe* quando ouve.

A voz dela era cativante. Sedutora.

Houve uma hora em que precisei ir ao carro e, na volta, pude ouvi-la cantando no lobby e no corredor do estádio. Era um som tão familiar, ainda que confuso e abafado de longe. E isso me atraiu. Existe algo na boa música que faz você querer ir em direção a ela. Procurá-la. Assim como um sinal luminoso ou farol em um penhasco, você segue em direção à beleza.

Acho que Deus deu a cada um de nós um desejo por ritmo na música que ele cria. Ouvimos uma canção em outra sala. Ouvimos o cantarolar do sentido conforme ele nos chama. Tentamos ignorá-lo, mas não conseguimos.

A melhor resposta é ir atrás dele. Persegui-lo.

E, quando ele começa a ficar mais alto, sabemos que estamos chegando perto de onde Deus está tocando uma sinfonia de shalom. É o nosso trabalho ouvir e seguir. E a parte legal da nossa caminhada com Jesus é que, quanto mais perto chegamos dele, mais clara a música fica. E, quanto mais clara ela fica, melhor você poderá dançar. Lembrei-me da música de Aslan no livro *O Sobrinho do Mago*, de C.S. Lewis:

> No escuro, finalmente, alguma coisa começava a acontecer. Uma voz cantava… parecia vir de todas as direções… certas notas pareciam a própria voz da terra. O canto não tinha palavras. Nem chegava a ser um canto. De qualquer forma, era o mais belo som que ele já ouvira. Tão bonito que chegava a ser quase insuportável para Digory.[7]

Você já ouviu uma música que, de tão bonita, mal aguentava escutá-la?

Essa é a música que Deus está tocando. E Ele está nos convidando para dançar. Mas aqui vai o que temos de entender sobre isso antes de continuarmos juntos essa jornada: aprender a dançar dá trabalho.

Aprender a dançar pode parecer desajeitado no começo. A prática é necessária para poder dançar bem. Você pode pisar nos dedos de outra pessoa. Pode até pisar no seu próprio pé.

Você estará contando os passos; isso é esperado. E é assim que será a sensação de abraçar novas práticas. O restante deste livro é sobre a minha história ao aprender esses passos. Novas formações. Novas formas de viver. Novos passos para a vida. Rumo à humanidade genuína. Para a prosperidade. E devemos ser honestos com nós mesmos — aprender a dançar é difícil. É necessário prática. Muita. É preciso dedicação para aparecer, toda semana, no mesmo horário e no mesmo lugar. Para fazer isso apenas mais uma vez. Sabendo que você aprende a dançar simplesmente treinando. Mas você chegará a um lugar em que não ficará mais de cabeça baixa, e começará a olhar nos olhos de Jesus conforme caminhar pela vida com Ele em um ritmo gracioso.

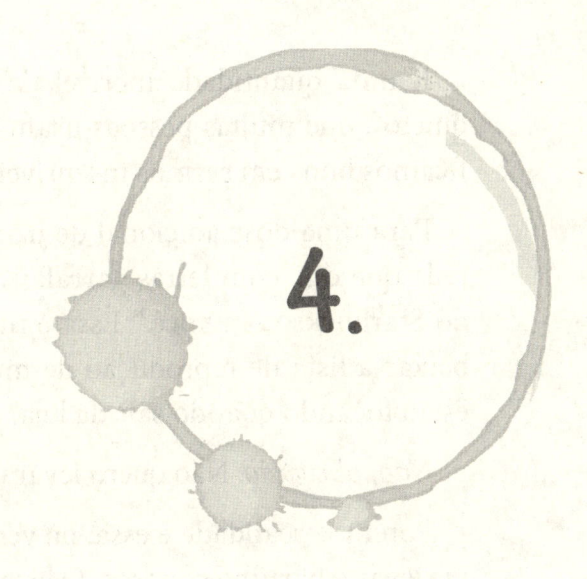

POR QUE O SILÊNCIO
É TÃO BARULHENTO?

Atualmente, estou escrevendo este livro em uma cafeteria. E, como estou ciente do barulho enquanto escrevo sobre isso, fechei meus olhos por alguns segundos. Estou tentando me concentrar em todo o barulho ao meu redor. Consigo ouvir um pouco de música *indie* tocando ao fundo, um barista empurrando para trás a tampa da caixa de gelo, depois tirando e mexendo o gelo, e outro gritando "sanduíche de bacon com peru!". Ouço xícaras e tampas estalando, uma porta abrindo, vozes abafadas na mesa ao lado e a janela do *drive-thru* abrindo.

É uma quantidade incrível de barulho para um "lugar quieto", que muitas pessoas usam para trabalhar — e como ficamos bons em sermos insensíveis ao barulho.

Para uma dose adicional de ironia, tem um poster na parede que diz, com letras garrafais, em negrito: "Leve o som do Starbucks com você." Essa é uma propaganda para você baixar a lista de reprodução de músicas do Spotify que eles estão tocando quando sair da loja.

Não, obrigado. Não quero levar o som comigo.

Porém, a realidade é essa: na verdade, não queremos *mesmo* levar o barulho conosco. O barulho é um patógeno transportado pelo ar que estamos inalando constantemente. Ele fica entranhado em nosso corpo, para o bem ou para o mal. Somos criaturas desse planeta com cinco sentidos, e a audição é um deles.

Lemos muito sobre como nossa forma atual de fazer as coisas está prejudicando a Terra — por meio de nossas máquinas, fábricas, derramamentos de óleo em nossos oceanos, resíduos, esgotamento de recursos, poluição e muitas outras coisas.

Mas existe uma que raramente ouço ser falada sobre, seja por políticos ou no jornal da noite: *poluição sonora.*

Devido aos níveis insanos de barulho em nossa cultura, uma parte do cérebro humano está sendo sobrecarregada bem mais que nas gerações anteriores. Uma parte que é, na verdade, feita para combater e filtrar o barulho por meio de um "filtro sensorial". Às vezes, isso é explicado como "efeito coquetel". Por exemplo, quando cem pessoas estão conversando em espaços fechados, se você tiver uma audição normal, não terá problema para focar a conversa bem à sua frente. Seu cérebro está "controlando com o filtro sensorial", ou bloqueando todos os estímulos ou barulhos irrelevantes. Você não está fazendo isso efetivamente; está, simplesmente, acontecendo. É por isso que, quando estava no Starbucks no começo deste capítulo, inicialmente não ouvia nada, ou tudo parecia estar quieto e pacífico — até que me concentrei, de propósito, nos barulhos que meu cérebro estava subconscientemente bloqueando.

Essa parte do cérebro nos ajuda a focar e a não ficar sobrecarregados pelo estímulo externo da visão ao toque, passando pelo cheiro. Mas um nível aumentado de barulho sobrecarrega o corpo e o cérebro mais do que eles podem suportar. Nossos cérebros sempre usaram o processo de filtro sensorial. Mas, se essa parte fosse um carrinho de mão, 100 anos atrás seu peso seria de aproximadamente 450g. Hoje, contudo, ele chega a cerca de 45kg. Essa parte do cérebro soa como o motor de uma Ferrari cujo acelerador está sendo pisado o máximo possível — sem nenhum freio. Constantemente.

Isso está nos afetando de formas profundas. Um estudo no Japão encontrou uma profunda conexão entre deficiência do filtro sensorial e a síndrome de fadiga crônica.[1] Em outras palavras, nossos cérebros estão literalmente exaustos por causa do barulho. Além disso, um teste clínico pode ser feito para determinar o seu nível de deficiência do filtro sensorial. E adivinha que condição geralmente está presente em pessoas com taxas extremamente altas de deficiência do filtro sensorial? Esquizofrenia.[2]

Acho isso interessante porque tendemos a pensar que a saúde mental está contida em um indivíduo, ao passo que o estímulo e o barulho sem precedentes da nossa cultura podem também ter culpa ao sobrecarregar e exacerbar as pessoas mentalmente. E acho que isso é verdade mesmo para aqueles sem um transtorno mental significativo.

Embora eu obviamente não seja um médico ou profissional de saúde mental que possa determinar se o barulho está nos enlouquecendo, eu *sei* o que isso está fazendo comigo. Quero escapar, mas, ao mesmo tempo, como um vício, quero retornar para ele.

O silêncio é quieto. Mas também ruge.

O barulho distrai. Entorpece.

E, embora os ruídos brancos ao nosso redor certamente não sejam o ideal, acho que não percebemos a rapidez com que o barulho "normal" se torna nocivo.

Por exemplo, em um artigo do *New York Times* de alguns anos atrás, um repórter queria saber sobre níveis de barulho mensuráveis. Ele deu uma volta e os mediu em vários pontos. É verdade que Nova York é facilmente uma das cidades mais barulhentas do mundo, mas os lugares que ele visitou não eram exclusivos de lá e são similares a outros, não importa onde você esteja. Lugares como esses poderiam ser encontrados em qualquer área povoada.

Uma funcionária de um lugar visitado pelo jornalista disse: "Venho tendo enxaquecas." Eram tantas que ela acordava com os seus ouvidos zumbindo e buzinando, o que a obrigou a começar a tomar remédios normalmente prescritos para convulsões.

Onde ela trabalhava? Na pista do aeroporto JFK? Em um canteiro de obras? Não.

Ela era garçonete em um restaurante. Um lugar aonde vamos para comer e, espera-se, ter conversas profundas e significativas. Porém, durante a entrevista, o jornalista notou que ela tinha de se aproximar para ouvir e gritar até ser ouvida.

E, quando medidos, os níveis de barulho do restaurante foram estimados em cerca de 96 decibéis. Um nível que o governo diz não ser indicado para condições de trabalho além de um máximo de algumas horas sem proteção auricular — e muito menos para um turno de trabalho inteiro várias vezes por semana.[3] (E as condições para comer em um restaurante deveriam estar em um nível mais baixo, não é?)

Esse artigo me fez pensar duas vezes sobre o quanto temos *normalizado* níveis de barulho insanos.

De fato, Alyssa e eu nos desentendíamos quanto a isso quase todas as vezes em que saíamos a dois. Ela quer ir a algum lugar onde possamos conversar. Eu também, mas busco um local *animado*, que normalmente significa *barulhento*.

Ela odeia lugares como esse com razão, pois não permitem intimidade e conexão. E eu me pergunto porque prontamente amo e me sujeito a lugares que estão basicamente nos atacando com a arma do barulho.

Mas quando o jornalista do *New York Times* falou com especialistas em prevenção de perda de audição, que sabem mais sobre nossos ouvidos do que ninguém, eles disseram que as pessoas não deveriam ser expostas a nenhum barulho acima de 100 decibéis por mais de 10 a 15 minutos.

"Definitivamente, consideramos esses níveis capazes de causar danos, que provavelmente serão permanentes caso haja exposição constante", disse Laura Kauth, fonoaudióloga e presidente da *National Hearing Conservation*[4], uma associação americana voltada ao combate desse problema.

Esses níveis de barulho não estão apenas acontecendo em uma pista próxima ao jato de um avião ou embaixo de alguma máquina gigante em uma fábrica. Eles também são medidos consistentemente naquela aula de spinning à qual vamos de manhã e naquele bar que frequentamos na sexta à noite.

Você pode estar pensando: *bem, é claro que é mais barulhento hoje em dia, mas isso é apenas parte da nossa cultura. Ninguém está fazendo isso de propósito.* Na verdade, alguns restaurantes *estão*. Eles se armam com barulho para lucrar — acelerando a rotatividade da mesa. Algumas pesquisas mostram que pessoas bebem mais quando a música está alta (leia-se: gastam mais dinheiro), e mastigam mais rápido (terminam suas refeições e vão embora mais rápido) quando há música mais alta. O barulho determina seu ritmo, quer você perceba ou não.

Quando trabalhava como garçom, ainda no ensino médio, ficou claro que a principal forma de ganhar mais dinheiro era a de fazer as pessoas comerem e irem embora o mais rápido possível, para que um novo cliente pudesse se sentar à mesa. Na verdade, o *Hard Rock Cafe* foi construído com base nessa premissa e "teve a prática reduzida a uma ciência, desde quando seus fundadores perceberam que, ao tocar música alta e rápida, os fregueses falavam menos, consumiam mais e iam embora mais rapidamente".[5]

Mas vamos considerar um documento tornado público pela CIA detalhando técnicas de tortura em prisões secretas durante a Guerra ao Terrorismo. Ele menciona "música alta" 17 vezes e diz que essa tortura, especificamente na Baía de Guantánamo, envolvia fortes luzes estroboscópicas e música alta.[6]

Então, se música alta, estimulação excessiva e luzes estroboscópicas são usadas como táticas de guerra e tortura, por que nos sujeitamos voluntariamente a elas na vida cotidiana?

Técnica de tortura em terroristas ou uma rave em um clube para millennials?

A mesma coisa, aparentemente.

Como o Silêncio Soa

Quando vou dormir à noite, normalmente a casa está "silenciosa". Ninguém está falando. Não há celulares ou tablets ligados. Não existe barulho óbvio. Porém, houve uma noite em que a luz acabou e foi diferente. Era um *silêncio assustador*. O barulho caiu de silencioso para aterrorizante. Dezenas de aparelhos que geralmente são alimentados por energia elétrica na nossa casa — geladeira, modem, o carregador do aspirador, ventiladores de teto — não estavam mais fazendo barulho. Era o verdadeiro silêncio. E percebi que provavelmente não tinha ouvido isso por muito tempo.

O que ouvimos quando não há barulho humano?

George Prochnik, autor de *In Pursuit of Silence* [Em Busca do Silêncio, em tradução livre], começou a fazer exatamente isso. Encontrar o silêncio. E não apenas qualquer tipo: sua meta era encontrar o que considerava ser o lugar mais quieto do mundo. Isso o levou a Iowa e ao subsolo do monastério trapista de New Melleray, famoso por ser um dos lugares mais silenciosos do planeta.

Enquanto o monge mostrava a Prochnik o caminho para o subsolo, ele avisou que "o silêncio da sala é tão intenso" que provavelmente iria "tirá-lo da [sua] zona de conforto". Ele completou dizendo ainda que algumas pessoas das cidades grandes descobrem que são "fisicamente incapazes de permanecer na capela por até 5 minutos".[7]

Quando pensamos em silêncio e solidão pela primeira vez, podemos não nos importar muito, ou até pensar que isso soa religiosamente sexy, *hipster*, bacana e moderno.

Até experimentarmos.

E, depois, ficarmos chocados, talvez até aterrorizados.

Porque no silêncio nos sentimos expostos e nus, e estranhamente nos tornamos barulhentos. Não externamente, mas dentro das nossas cabeças. Logo, rapidamente rejeitamos essa condição. *Não, estou bem.*

Mas aí vai a nada atraente e rude verdade: nossa aversão a essa nudez, e o constrangimento e feiura que sentimos, são realmente o motivo pelo qual *precisamos* fazer isso. E, se nunca experimentarmos essa sensação, estaremos sempre fazendo barulho, ansiosos, conectados e no limite, vazios e espiritualmente fracos e desnutridos.

Henri Nouwen, um dos meus pensadores espirituais favoritos, disse sobre sua experiência com o silêncio e a solidão: "A solidão não é um lugar terapêutico particular. Na verdade, é o lugar de conversão, onde o velho eu morre e o novo eu nasce."[8]

Não é um lugar terapêutico.

É onde você vai morrer.

Ele continuou dizendo que o silêncio é como uma força porque é, verdadeiramente, um dos únicos lugares em que ficamos expostos. Completamente nus.

Não há telefonemas a fazer. Não há reuniões a comparecer. Não há tarefas a serem realizadas. Não há nenhuma música para ouvir.

É um completo nada. "Um nada tão terrível que tudo em mim quer correr para meus amigos, meu trabalho e minhas distrações, para que possa esquecer meu nada e me fazer acreditar que tenho algum valor."[9]

E aqui está a pior parte: isso é apenas o começo. Se permanecermos por mais tempo e nos forçarmos a fazê-lo, aumentam as incontáveis distrações, ideias aleatórias, imagens e pensamentos que parecem tão desconfortáveis que nos perguntamos: *Eu realmente tenho estes pensamentos? De onde isso está vindo?*

Mas ficar em um lugar quieto é o mesmo que seguir no deserto. Um local onde não conseguimos sobreviver sozinhos, em que miragens do nosso falso eu aparecem repetidas vezes. E estamos desesperados por alguém que nos salve e nos encontre lá. Sedentos por apenas uma gota de água.

E é aí que essas palavras de Henri Nouwen falam comigo repetidamente, como um belo lembrete.

"A sabedoria do deserto é a de que o confronto com o nosso nada assustador nos força a nos entregarmos total e incondicionalmente ao nosso Senhor Jesus Cristo."[10]

Silêncio e solidão são como um cemitério para tudo de pior em você e no seu falso eu.

E, se queremos viver em nosso verdadeiro eu, aquele que Jesus nos criou para ser, temos que entrar pelo cemitério. Temos que nos levar para o deserto.

Por mais de duas décadas, tentei resistir a essa graça aberta. Para escapar do silêncio. Eu era o garoto que não conseguia adormecer sem a TV ligada e que se metia em problemas frequentemente por nunca estar quieto na aula. Quando você pensa em uma criança hiperativa, com TDAH, animada, está pensando em mim.

Quando comecei a seguir Jesus, já na faculdade, era algo visceral e emocionante, novo, revigorante e empolgante. Mas, ao mesmo tempo, toda vez que ficava quieto e sentava aos pés d'Ele, era algo desumano. No momento em que parava, era quando começava a ficar atormentado com as imagens intensas de escolhas que fiz e que estavam no meu corpo. Sentia o meu pecado. Doía. Algumas das memórias eram de anos atrás, mas nesses momentos podia senti-las como se tivessem acontecido cinco minutos antes.

Lembro-me, particularmente, de um momento de angústia completa. Estava querendo e precisando passar um tempo com Jesus, mesmo desiludido com o fato de que, quanto mais quieto ficava, mais parecia tortura. Arremessei minha Bíblia para o outro lado da sala e gritei: "Isso nem sequer funciona!"

Silêncio e solidão machucam.

Comecei a odiá-los e evitá-los porque não gostei do que aconteceu, ou do que vi naquele silêncio. Isso iniciou uma jornada de fazer todas as coisas cristãs que deveria — orar e ler minha Bíblia —, mas sem reduzir a velocidade ou me acalmar.

Por que ninguém me contou? Onde consegui essa imagem de que passar tempo sozinho com Jesus era terapêutico, belo, sereno e pacífico?

Estava fazendo algo de errado? Algo estava danificado?

Percebi que sim — algo estava danificado.

Era eu mesmo.

Casei com Alyssa, em 2012, e qualquer pessoa casada sabe que aquela "intimidade" pode ser surpreendente. Vocês agora são um só, dormindo na mesma cama, fazendo a vida juntos e sendo parceiros em tudo e qualquer coisa.

Quando estava íntimo de Alyssa, comecei a sentir que ela tinha algo que eu não tinha. O que seria isso?

Existia uma firmeza nela. Ela parecia tão pé no chão, tão à vontade na lentidão, quietude e tranquilidade. Ela até parecia buscar isso! Se estivéssemos ocupados ou com a agenda apertada naquela semana, ela lutaria para escapar. Almejar aqueles momentos.

Não é muito diferente de Jesus: "Mas Jesus retirava-se para lugares solitários, e orava" (Lucas 5:16).

Jesus se retirou voluntariamente para os lugares solitários. De propósito.

Alyssa tinha o mesmo ritmo em relação a ela, enquanto eu tinha medo dos lugares solitários e corria deles para o mais longe que pudesse.

Mas o amor fez o que ele sempre faz. Batidas lentas e constantes com o formão na rocha de um coração. Uma batida não faz muita coisa. Mas ela leva você a cem. E cem leva você para mil. E mil batidas bem feitas com o formão criam algo bonito.

E, cara, foi difícil — e às vezes ainda é.

Precisei de 3 ou 4 anos vendo Alyssa ficar confortável com o silêncio, e realmente buscá-lo, para começar a pensar: *quer saber, acho que posso tentar isso novamente agora.*

Talvez a única coisa de que estivesse fugindo fosse realmente a que eu mais precisava. E a dor disso era um sinal de fumaça me dizendo que era ali que eu precisava estar.

Perceber que minha aversão ao silêncio e à solidão é normal foi um primeiro passo difícil, mas necessário.

Sabia que tinha duas opções:

Poderia *contornar* meu verdadeiro eu dentro do barulho.

Ou poderia *passar pelo* meu verdadeiro eu em silêncio.

A parte bonita é a de que, embora seja confuso, doloroso e evidente, não estamos sozinhos.

Jesus nos encontra lá. Ele estava esperando por nós. Em silêncio. Em nossa dor. E sejamos honestos; às vezes, parece que Ele não nos encontra. Mas, quando continuamos a aparecer ali — repetidamente —, Ele não nos deixa do lado de fora, no frio.

Como disse o profeta Isaías, Jesus nos deu "caminhos no deserto" (43:19). Ele nos encontra no lugar da morte, com a vida sustentadora. Ele não vai nos tirar desse lugar, mas vai nos sustentar nele.

De fato, quando vemos o rosto d'Ele nesses momentos, é quase como se não estivéssemos esperando por Ele; é como se Ele estivesse esperando por nós. Nesse mundano hábito diário, nós O vemos. Cara a cara. Olho no olho. E começamos a ouvir algo diferente.

Não é barulho, mas sua voz. *Esse é o seu verdadeiro eu. Aquele que eu vi quando morri por você. Estive aqui o tempo todo, esperando você chegar.*

Uma Revolução Silenciosa

Quando pensamos nos famosos rebeldes, revolucionários ou dissidentes da história, acabamos pensando em barulho e violência, em guerra e em um pequeno bando de milicianos tentando derrubar um império.

Eu não. Penso em Fred Rogers.

Sim, *Mr. Rogers.*

É claro, há a lenda urbana de que ele era da elite dos fuzileiros navais americanos e vestia aqueles incríveis suéteres de cardigã para esconder as tatuagens que cobriam todo seu braço. Mas não quis dizer nesse aspecto.

Mr. Rogers era um rebelde e revolucionário por causa do quão diferente ele era na televisão. Lembro-me de vê-lo quando criança e buscar sua paz, calma e quietude — talvez porque sempre tive dificuldade exatamente com aquelas coisas.

Relembrando agora, é surpreendente pensar no que ele fez. Como ele baseou seu programa em conversas calmas, lentas, metódicas e significativas. Porém, agora o silêncio e a lentidão são tratados como doenças que devem ser erradicadas. A televisão inerentemente exige mais barulho e estímulo. Intencionalmente, os cortes, ritmo e música em nada se parecem com a vida real. (Quem me dera que socar alguém resultasse em um *POW!,* como nos velhos tempos do Batman). De fato, especificamente durante a era de *Mr. Rogers*, lembro-me dos desenhos animados com cada vez mais barulho, velocidade e estímulos. Hoje, a maioria desses programas é uma agressão aos sentidos, causando violência à nossa consciência mais sensível. Tentando entreter e estimular por meio de um choque elétrico metafórico que termina fritando as nossas partes mais frágeis.

Rogers sabia disso e tinha consciência de que isso estava criando uma cultura de barulho e ansiedade. Consequentemente, ele lutou pelo oposto.

Pense na discussão da sala de reunião que deve ter acontecido pelo menos uma ou duas vezes. *Fred, você não pode ficar em silêncio por 10 segundos e depois dizer algo, ou fazer absolutamente nada na TV. Isso é o equivalente a um ano no tempo da televisão! As pessoas desligam imediatamente.*

Mas Rogers sabia a diferença. A cultura de barulho da imprensa é como dar metanfetamina ou cocaína a alguém. As drogas estimulam demais, enganam seus sentidos e, em seguida, algo em você estranhamente anseia por aquela sensação de novo — embora, antes de experimentar, nunca tivesse percebido que a desejava.

A única forma de lutar contra algo assim é com a presença firme, profunda e lenta do silêncio.

O silêncio hoje é tão raro, tão desprezado, que é um ato de resistência.

Rogers usaria esse silêncio estrategicamente. "O silêncio é o maior presente que temos", ele disse uma vez.[11] E lutou por esse silêncio *em todos os lugares*.

Ele tinha até um ritual, que conduziu por décadas, no qual todas as reuniões começavam com o silêncio. Ele instruía sua equipe a tirar um minuto no início para pensar em uma pessoa que teve um impacto positivo em suas vidas. Ele contava o tempo e dizia quando o período acabasse.

Houve um ano em que ele foi convidado à Casa Branca para uma conferência sobre educação infantil e televisão, onde encontrou Bill Clinton, Hillary Clinton, Al Gore e os executivos do mais alto nível da *Public Broadcasting System* (PBS, rede de TV pública dos EUA). E como você acha que ele iniciou essa reunião com algumas das pessoas mais poderosas do mundo? Com todos pensando, durante 60 segundos de silêncio, em alguém que teve um impacto em suas vidas.[12]

Ele fez a mesma coisa quando recebeu o prêmio *Lifetime Achievement* (pelo conjunto da obra) no *Emmy* de 1997. No meio de seu discurso, ele tirou seu relógio, disse para a plateia que marcaria o tempo e fez exatamente o mesmo exercício. Ele estava controlando não só a plateia no teatro, mas também as 18.744.000 pessoas que assistiam em todo o país naquele momento. E isso ficou bem claro após 1 ou 2 segundos, quando alguns na plateia riram ou gargalharam achando que ele talvez fosse apenas uma brincadeira.

Mas ele estava falando sério.

Era o Emmy, a maior premiação da televisão americana, e milhões de espectadores estavam assistindo. Um segundo de silêncio poderia facilmente perdê-los.

Eu particularmente adoro o relato do momento feito pela revista *Esquire*:

> E então ele levantou o pulso, olhou para a plateia, olhou para o relógio e disse baixinho: "Eu contarei o tempo" e houve, de primeira, um berro da multidão, algumas breves risadas, conforme as pessoas percebiam que ele não estava brincando, que *Mr. Rogers* não era um eunuco conveniente, mas um homem, uma figura de autoridade que, na verdade, esperava que elas fizessem o que ele pediu... e, então, elas fizeram. Um segundo, dois segundos, três segundos... e agora as mandíbulas cerradas, os peitos erguidos, a máscara da maquiagem desfeita e as lágrimas caíram sobre a multidão iluminada como uma chuva pingando em um lustre de cristal, e *Mr. Rogers* finalmente olhou para o seu relógio e disse: "Que Deus esteja com vocês", para todas as suas crianças derrotadas.[13]

Eu me pergunto quantos naquela noite verdadeiramente viveram seu primeiro minuto de silêncio intencional e deliberado.

Naquela noite, *Mr. Rogers* também se reuniu com Jeff Erlanger, um tetraplégico em uma cadeira de rodas que tinha estado no seu programa décadas antes, quando criança. A gentileza e a ternura mostradas por *Mr. Rogers* naquele momento representam, honestamente, um dos momentos mais reais e bonitos que já vi na TV (se você tiver alguns minutos, assista no YouTube). Foi quando *Mr. Rogers* se mostrou um dissidente e rebelde novamente.

Aqui está a verdade com a qual temos de contar: um espaço lento ou silencioso não significa desperdiçado — não importa o quanto nosso mundo nos diga.

O espaço vazio não precisa sempre, essencialmente, ser *preenchido*.

Ele pode apenas *ser*.

Como seria se fôssemos pessoas que reivindicassem espaços de silêncio como um ato de resistência em nossas vidas diárias?

O Lugar Mais Silencioso

Cresci em Tacoma, no estado americano de Washington. Se você entrar no carro e dirigir por algumas horas rumo ao oeste, pelo estuário de Puget, acabará no Parque Nacional Olímpico. É uma área linda e extensa, cobrindo a maioria daquela curva à esquerda que você vê quando olha para o estado de Washington de cima. Pense em *Crepúsculo*, Bella e Edward, e você começará a imaginar com o que se parece. (Os livros foram situados na pequena cidade de Forks, Washington, logo à saída do parque).

Há uma parte específica do parque chamada Floresta Hoh, apontada informalmente como uma das sete maravilhas do estado de Washington. Menos conhecido do que a floresta Amazônica, o local é bastante espetacular na estética e atual precipitação atmosférica. As pessoas sempre brincam que Seattle é a cidade das chuvas, o que é mesmo — fica, em média, com cerca de 910mm de chuva por ano. Mas essa é a parte engraçada: a Floresta Hoh apresenta uma média de quase isso (760mm) na precipitação atmosférica só por causa da *neblina e da umidade*. Em termos de precipitação atmosférica atual, ela fica em média com 4 mil *milímetros* por ano.

E, por esse motivo, ela é uma das florestas mais exuberantes e verdes por onde você caminhará (sinta-se à vontade para dar um pulinho no Google e uma olhadinha bem rápida). Há musgos pendurados em praticamente todo metro quadrado de vegetação e tronco de árvore.

Mas aqui vai a verdadeira razão de a Floresta Hoh ser tão incrível: se você se aventurar fundo dentro dela, pode encontrar uma pequena pedra vermelha, aparentemente aleatória. Mas ela não é qualquer pedra. Trata-se de um indicador, determinado pelo ecologista Gordon Hempton e seu amigo Fritz, do *lugar mais silencioso dos Estados Unidos*. Ela é uma indicação, uma estaca metafórica no chão, reivindicando propriedade e autoridade.

Ah, e já disse que Fritz é uma cabeça de manequim equipada com um microfone? Lembre-se dos alvos em que você às vezes vê pessoas atirando nas sedes de treinamento do FBI, em todos aqueles filmes policiais, e saberá com o que ele se parece.

Hempton ficou interessado na busca pelo lugar mais silencioso da Terra como parte de sua pesquisa. Isso o trouxe até aqui.

Mas ele não estava apenas decidido a descobrir o lugar mais quieto do planeta. Ele também está determinado a *defendê-lo*. Ele sistematicamente caminha pela floresta em certos dias, faz leituras de ruído e, como ele disse: "Quando ocorre uma intromissão de barulho, localizo o autor, envio uma carta e peço adequação." Ele continuou dizendo: "Esse assunto é urgente. É provável que em 10 anos não existam mais lugares calmos, a não ser que tomemos uma atitude."[14]

Acho que o trabalho de Hempton é uma grande metáfora para nossa caminhada com Jesus. Existem dois passos para moldar essa formação.

Primeiro, precisamos buscar o silêncio. Para persegui-lo. Caminhar até os centros profundos do espaço sagrado, procurando por onde possamos encontrá-lo.

Entretanto, o que fazer quando chegarmos lá?

Temos que defendê-lo.

E, como Hempton, quando uma intromissão de barulho ocorrer, precisamos localizar a fonte e "pedir adequação". Não somos escravos do barulho. Dos nossos celulares. Da agitação. Da agressão aos nossos sentidos. Podemos e devemos pedir — não, melhor ainda, exigir — adequação.

Nossas almas estão em jogo.

E como qualquer resistência — seja uma revolução mundial ou um golpe de um império — isso sempre, sem dúvida, começa pequeno. Com uma ação. Um pequeno ímpeto.

E é o que acontece em nossa jornada com Jesus. Você não terá um período belo, sereno, de três horas de silêncio e solidão imediatamente.

Bem, talvez você tenha! Mas certamente não foi assim para mim.

Foram mais de dois minutos. E eu *queria me coçar*.

Mas tenho que resistir a essa vontade. Tenho de me concentrar, colocar um pé na frente do outro e praticar. Existe uma razão pela qual isso é chamado de *prática* espiritual — é necessário prática. Repetição. Aprender, reafirmar, mudar e se adaptar.

E, nesse silêncio, você encontrará um espaço onde seu velho eu começa a se sufocar, seu novo eu começa a ser renovado e a verdade de Deus começa a lenta, mas certamente, preencher, reconectar e recalibrar sua nova humanidade — o eu que abandonou a sepultura com Jesus 2 mil anos atrás, para uma nova vida, caminhando e se dirigindo para a nova Jerusalém, onde tudo é colocado de volta de uma vez por todas.

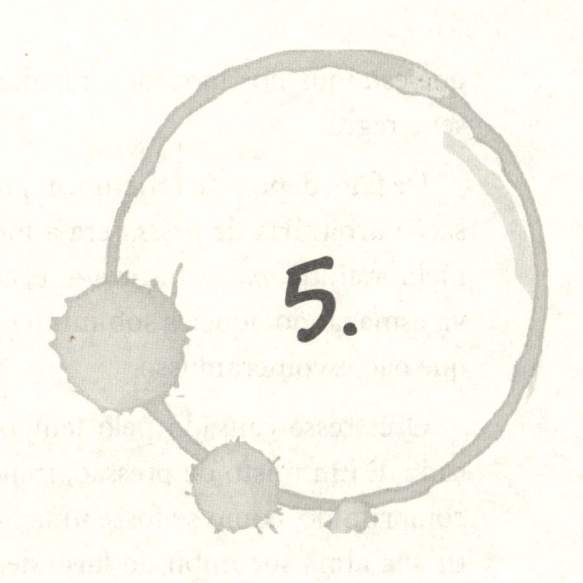

5.

O PODER DO NÃO

Ande logo.

Temos que ir.

Eu disse para você colocar os sapatos 10 minutos atrás!

Essas são algumas das frases que me pego dizendo — ainda mais quando estamos ocupados ou com pressa. Entretanto, crianças têm uma habilidade mágica de não se importar com o nosso conceito de pontualidade. Todo mundo sabe que elas seguem seu próprio ritmo e têm maneiras muito ineficientes de fazer as coisas.

É claro que há momentos em que precisamos sair correndo pela porta. E, obviamente, às vezes precisamos ter certeza de que estamos nos movendo rapidamente. Mas essa não deve ser a regra.

De fato, depois de refletir um pouco, percebi que uma sensação arbitrária de *pressa* era a força que nos esmagava. Ou melhor ainda, *me* esmagava — e, consequentemente, eu estava esmagando aqueles sob minha responsabilidade. Aqueles que não escolheram isso.

O estresse causado pelo tempo é um sentimento engraçado. É um misto de pressão, frenesi e frustração. Fica tudo comprimido, como se fosse uma bola apertada, até você sentir sua alma sucumbir ao falso deus da pressa. E trata-se de um fenômeno razoavelmente novo.

Marcando o Tempo

A marcação do tempo e os relógios de pulso e de parede modernos têm uma história fascinante e de um impacto enorme no mundo, mas que é ofuscada por inovações da mesma época — como o automóvel, a lâmpada e o telefone.

Mas a forma como chegamos ao nosso conceito de marcar o tempo é bastante peculiar. Em 1657, Christiaan Huygens inventou um mecanismo de mola que finalmente permitia que a cronometragem fosse razoavelmente precisa e permitisse a determinação da longitude no mar — um enorme avanço para a era da navegação.

Ainda assim, pelas próximas centenas de anos anteriores às ferrovias, o tempo era basicamente local. Portanto, graças a Huygens, uma comunidade poderia ter a relativamente precisa habilidade de saber o tempo. Mas o tempo ainda não era padronizado. Normalmente, ele baseava-se em marcar o meio do dia no relógio (meio-dia) no momento em que o sol estivesse exatamente no ponto mais alto no céu — por isso a expressão "meio-dia em ponto".

Mas, é claro, o momento em que o sol está mais alto no céu depende de sua localização. Por exemplo, se você está na Filadélfia, verá o sol em seu ponto mais alto talvez 10 a 15 minutos depois em relação a uma pessoa em Nova York.

As comunidades locais ajustavam seus relógios de acordo com suas próprias observações do sol, o que é bom se você estiver combinando isso apenas com pessoas da sua região. Se todos na Filadélfia disserem que são 13h em ponto, então fica fácil para as pessoas de lá coordenarem reuniões, cronogramas de trabalho e outras coisas.

Mas o que você faz se todos em Nova York estiverem 14 minutos à frente da Filadélfia, Boston estiver 3 minutos atrás e a diferença em Washington D.C., for de 35? Não importa se duas pessoas na Filadélfia marcaram uma reunião às 13h quando alguém em Nova York pensa que o mesmo horário seria 13h14. Mas importa, sim, quando o mundo começa a ficar menor e mais conectado.

Quando essas cidades começaram a se conectar graças aos trens, a diferença de horário se tornou um pesadelo logístico. "As ferrovias americanas reconheceram 75 diferentes horários locais em 1875; três deles somente em Chicago".[1] E pessoas começaram a morrer. É sério. Os trens não tinham um horário-padrão fixo para partir, e a matemática absurda que os condutores precisavam fazer rapidamente causava uma grande confusão. Eles batiam uns nos outros e bagunçavam tudo.

Foi então que, no Reino Unido, as ferrovias adotaram o "horário ferroviário", baseado na hora de Greenwich, estabelecido pelo famoso observatório em Londres. As ferrovias funcionavam em um horário específico, com base na hora de um determinado local.

As autoridades da cidade começaram a ver o imenso benefício de adotar um horário padronizado em todos os sentidos. Mas aí as pessoas começaram a resistir.

Duramente.

A Índia provavelmente viu a revolução mais extrema. No que historiadores chamam de "batalha dos relógios", em 1906, milhares de trabalhadores de fábricas de algodão se revoltaram em Mumbai. Eles se recusaram a trabalhar e atiraram pedras nas fábricas. O *Atlantic* contou a história assim: "Eles estavam protestando contra a abolição da hora local em favor de um novo horário-padrão da Índia, com exatamente 5 horas e meia de diferença em relação ao famoso observatório de Greenwich. Essa batalha durou 50 anos. Somente em 1950, 3 anos depois de sua independência como nação, que um único fuso horário foi adotado para o país."

Os franceses fizeram o mesmo e adotaram a hora padronizada como país, mas se recusaram a acertá-la a partir de um observatório inglês. Seu marco zero foi ajustado para o horário de Paris — a maior cidade do mundo.

Depois de a hora ser padronizada de acordo com Greenwich, as pessoas que quisessem saber o horário exato teriam que ir ao observatório, e depois ajustar seus relógios. Vendo uma oportunidade de negócio e uma necessidade a ser atendida, John Henry Belville e sua família decidiram levar a hora exata com eles, criando todo um sistema e rede de mensageiros que começava com uma pessoa (normalmente o próprio John) consultando o horário certo no observatório de Greenwich e repassando a informação de loja em loja, ou para qualquer assinante do seu serviço.

A informação ia de John para sua esposa e dela para Ruth Belville, filha do casal, que fez sozinha essa ronda todos os dias por 48 anos. Porém, não sem encontrar problemas. Em uma tarde de fevereiro de 1894, em um dia em que Ruth normalmente se encontraria com o pessoal do observatório de Greenwich, uma bomba explodiu na cidade. Foi um anarquista francês, que explodiu sua mão por acidente e morreu de ferimentos internos mais tarde. Mas acredita-se que o alvo era o observatório de Greenwich, para que todos se livrassem do horário-padrão mundial e os franceses pudessem assumir essa soberania no mundo.[2]

Por que tudo isso importa?

Em primeiro lugar, nosso conceito moderno de tempo não é o que sempre foi. O tempo não era precisamente medido, dividido e rastreado — isso é relativamente recente.

Em segundo lugar, quando esse conceito foi introduzido pela primeira vez, nem todo mundo estava empolgado.

Em terceiro lugar, e mais importante, é que aconteceu uma troca no processo de conquista desse novo conceito. Novas invenções sempre têm seus benefícios, mas também consequências. E está claro que estamos em uma situação melhor por causa da cronometragem moderna. Mas será que realmente saímos ilesos?

Desde a era moderna, e toda a inovação que a acompanha, o tempo ganhou vida própria. Ele começou a nos controlar, como um pseudodeus a quem todos devem reverenciar.

O tempo é o que nos faz funcionar. (É interessante como vemos nossa humanidade da mesma forma que os relógios). Não precisamos mais de Ruth Belville andando pela cidade e nos dizendo que horas são, já que essa informação está em todo lugar. É uma força em torno da qual todos giram e orbitam, submetendo-se a ela.

Vamos avançar até a invenção dos relógios atômicos, que é como mantemos a exatidão do horário hoje em dia. Um relógio atômico mede oscilações nos níveis de energia dos elétrons, que são precisos em um segundo de 100 milhões de anos. Isso é tão exato que soa quase absurdo.

Nosso desejo de controlar o tempo, obtendo a precisão perfeita, nos mudou em mais aspectos do que admitimos. Inicialmente, nossas máquinas operavam como um "relógio". Agora somos nós. Nossas vidas estão sendo moldadas todos os dias de forma mais mecanizada, robótica e calculada. Estamos nos tornando nossos relógios. Como disse o salmista, referindo-se aos ídolos: "Sejam como eles quem os fabrica e todos os que neles depositam confiança!" (115:8).

Tique. Tique. Tique.

O som de um relógio.

Mas também é o som da maioria dos nossos corações. A trilha sonora da ansiedade e da pressão.

Não queremos comer ou dormir mais quando estamos com fome ou cansados — comemos na *hora* de comer. Dormimos quando é *hora* de dormir. Um dia é agora um número infinito de momentos que podem ser constantemente moldados, aproveitados e separados para exploração. Então, somos senhores do tempo? Ou escravos? Esse é o lado negro da nossa atual cultura de marcação do tempo.

Ela está acabando com nossa margem.

No seu livro best-seller *Margin* [Margem, em tradução livre], o doutor Richard Swenson definiu o termo como "o espaço entre nosso peso e nossos limites".[3] O que atualmente carregamos é o nosso peso, e nossa capacidade de carregá-lo é o nosso limite.

Infelizmente, a maioria de nós apagou completamente esse espaço. Vivemos sem margem alguma entre nosso peso e nosso limite. Estamos agora no ponto de ruptura e não temos mais nada. Estamos apenas a uma pequena decisão de o ciclo de peso e o ciclo de limite se sobreporem um em cima do outro, perfeitamente, no diagrama de Venn (interseção entre dois conjuntos). Quando nossos limites se tornam nosso peso, sentimos esgotamento e exaustão.

Mas isso se torna complicado na cultura cristã porque frequentemente incentivamos a ideia de estarmos ocupados até o ponto de não sobrar espaço em nossas vidas.

Você está fazendo o trabalho do Senhor!

Ele o preencherá e o sustentará!

Você precisa realizar grandes coisas para Deus!

E isso é verdade, mas fomos feitos para fazer mais.

Considere a margem no que diz respeito a dinheiro. O pior conselho financeiro é gastar exatamente até o limite dos seus recursos. Se você ouvisse essa recomendação de alguém, não só se afastaria ao máximo dessa pessoa, mas provavelmente alertaria todos os seus amigos para ficarem longe também. Você ganha US$3.500 por mês? Então certifique-se de que sua hipoteca, serviços, mantimentos e outros gastos somem US$3.500! Sem extras. Sem economia. Sem margem.

Todos sabemos que trata-se de um péssimo conselho. Sem margem nas nossas finanças, não somos livres. E não quis dizer livres para sentar em uma pilha de dinheiro, ser autoindulgente e sentir-se bem em relação a nós mesmos. Ela existe, em primeiro lugar, para nos tirar da escravidão financeira (gastar mais do que tem, endividar-se até o último fio de cabelo e sem viver com seus recursos). Uma vez lá, a margem se torna espaço de ajuda e vantagem.

Somos muito mais ágeis e livres para ajudar e dar aos outros — porque, quando não somos escravos, temos liberdade. E a liberdade pode ser compartilhada.

Por que não fazemos o mesmo com o tempo? De fato, parece que não estamos apenas correndo o mais rápido possível e alertando nossos amigos em relação a preencher suas agendas ao máximo, mas incentivando-os a fazer isso!

Se alocarmos 100% do nosso tempo, não nos resta mais nada — portanto, se algo inesperado acontecer em nossos dias (e podemos contar com isso), continuamos tentando avançar para a próxima coisa. Agora, estamos nos apressando — e aqueles que nos cercam.

Porém, como meu amigo John Mark gosta de dizer: "A pressa é a violência na alma."

Uma das formas mais rápidas de reduzir essa violência contra nossa própria humanidade é aprender como dizer não em um mundo cheio de sim.

Diga Não

Se você não está dizendo não às coisas boas, provavelmente não faz isso o suficiente. Com o crescente acesso que temos uns aos outros, precisamos ter certeza de que estamos dizendo não frequentemente. Pessoalmente, tento deixar minha agenda passar fome porque, sempre que a alimento, ela parece crescer mais gorda — precisando de mais e mais comida na próxima semana e na seguinte.

Durante os últimos anos, passei a dar um valor extremamente alto ao espaço de tempo e à margem. Luto por isso incansavelmente, o que exige uma quantidade enorme de trabalho. Acho estranho que as pessoas admirem outras que estão muito ocupadas. Mas, honestamente, todo mundo não pode fazer isso? Da última vez que verifiquei, é fácil preencher uma semana inteira. Estou mais interessado em pessoas que marquem compromissos o mínimo possível, fazendo isso apenas no que for essencial e melhor para sua prosperidade. *Isso* requer trabalho. E compromisso. Foco. Visão. Isso é contracultural à correria.

Agora, certas pessoas podem pensar em tomar essa decisão e seguir em frente com suas vidas todas priorizadas, organizadas e saudáveis. Não foi o meu caso e de Alyssa.

Tivemos de aprender com a grande professora Exaustão.

E, antes disso, passar algum tempo com o mestre Sobrecarregado.

Estávamos fazendo coisas que pareciam incríveis e impressionantes (das quais melhor se alimenta a pressa), mas acabávamos a semana nos sentindo insatisfeitos. Exaustos e um pouco mais no limite. Esgotados e acabados.

Ainda antes de estar casado e com filhos, minha agenda de viagem era um problema. Embarcava em aviões a cada duas semanas, levantando constantemente às 3h para voos matinais, chegando em casa à meia-noite alguns dias mais tarde e, depois, me apressando para uma reunião durante o café da manhã após algumas horas de sono. Ou pegava um voo noturno, aterrissava de manhã e precisava tomar banho e me barbear no aeroporto antes de subir em um palco algumas horas depois. Meu momento mais louco foi quando voei de Seattle (onde vivia naquela época) à Flórida para dar uma palestra e depois voltei para Seattle, mas, como precisava embarcar em outro voo algumas horas mais tarde para outro evento não relacionado ao primeiro, decidi nem mesmo deixar o aeroporto SeaTac. Apenas fiz um lanche rápido e embarquei de volta para o meu voo seguinte para Missouri, que provavelmente sobrevoei enquanto voltava para Seattle mais cedo naquele dia. (Devo dizer também que, desde então, melhorei na organização de voos para certos locais!). Voava pelo mundo para falar sobre Deus, contar às pessoas sobre Jesus e compartilhar histórias do seu poder de cura, esperança e ressurreição. Era um trabalho verdadeiramente estimulante, recompensador e significativo — se ao menos estivesse acordado o suficiente para me lembrar dele.

Depois que Alyssa e eu tivemos filhos, sofremos uma pressão enorme para fazer o que pensávamos que *deveríamos* fazer. Achávamos que precisávamos marcar encontros com outras crianças, porque nossos filhos precisavam socializar. Precisávamos colocá-los em atividades divertidas porque eles poderiam morrer de tédio se não fizéssemos isso. Achávamos que era preciso recebermos uma outra família para jantar pelo menos uma vez por semana — para termos conversas de adulto e não perdermos a habilidade de falar nosso idioma um nível acima do infantil.

Mas esse tormento em nossas almas começou a nos destruir. Então, Alyssa e eu começamos a examinar minuciosamente nossas vidas, nos perguntando: Por que temos uma agenda cheia? Por que pensamos que temos que fazer essas coisas? Que coisas são necessárias para viver e quais não são? E se priorizarmos não fazer *nada*? Bem, não chamaria a profunda, rica e lenta construção de um relacionamento em família de "nada", mas nossa cultura tende a ver dessa forma. Basta sair e conhecer, amar e servir um ao outro, caminhar com Deus e amar o próximo.

Depois de alguns anos, aprendemos o segredo para uma vida mais calma. Um truque, por assim dizer, para diminuir sua recusa a ser uma pessoa ocupada.

Você está pronto para isso?

Faça do *não* sua resposta-padrão.

É isso aí. Sem perceber, muitos de nós fazemos do sim nossa resposta-padrão. Especificamente, acreditamos que o tempo é um recurso mais abundante no futuro do que é agora, e nos recusamos a acreditar que o tempo que temos hoje é o mesmo que teremos na próxima semana e daqui a um ano. Mas *não* é um recurso mais abundante no futuro.[4]

Gostaria de vir jantar conosco? Sim.

Você pode me encontrar para um café? Sim.

Quer participar desse jantar com clientes? Sim.

Você pode trazer os lanches para o jogo de futebol? Sim.

Você liderará um pequeno grupo? Sim.

E não são apenas as pessoas que dizem sim que sofrem da síndrome do sim. Suas famílias e amigos mais próximos também. Nossa individualidade é apenas uma pequena parte de uma rede de relacionamentos e comunicações interpessoais que afeta nosso trabalho e nossa vida cotidiana — e os recursos que temos disponíveis.

Foi necessário prática, reconexão e muito trabalho, mas Alyssa e eu chegamos ao ponto em que o não é a nossa resposta-padrão. Agora temos que ser *convencidos* antes de dizermos sim para alguma coisa, o que é muito diferente de precisar de um bom *motivo* para falar não.

E, embora cometamos erros ocasionalmente com nossa resposta-padrão, temos mais tempo para realmente servir nosso povo. Não é egoísta dizer não. Trata-se de amar melhor o próximo.

Acabamos praticando e nos tornando realmente bons em dizer não. Em nosso mundo, sempre perderemos se não aprendemos a dizer não, pelo simples motivo de que temos acesso a mais coisas do que nunca.

Tivemos que aprender a dizer não em duas áreas e ambas foram em jornadas diferentes, mas igualmente difíceis.

A primeira é dizer não para as coisas incrivelmente impressionantes, do tipo "uma vez na vida". E a outra é dizer não às pequenas decisões e perguntas diárias comuns que atrapalham nossa prosperidade como um problema de inundação em casa. Lento e constante, sistemático e tóxico.

Isso tem sido difícil. Especialmente para mim. Minha posição-padrão é: "Isso não acontecerá novamente. Eu *tenho* que dizer que sim."

Para algumas pessoas, pode ser uma viagem de trabalho totalmente paga, mas você já está tendo um mês agitado. Ou poderia significar uma chance de um de seus filhos jogar em um time esportivo de elite, mas a energia da sua família já chegou ao limite. Essas decisões são tentadoras e difíceis de recusar. Mas onde vemos mais mudanças é nas milhões de pequenas decisões. Somos convidados para jantar. Vemos o comercial de um show que queremos ir e estará na cidade no próximo fim de semana. Queremos nos inscrever em outra aula na escola ou na igreja.

Não acredite que uma agenda completa significa produtividade, santificação ou realização. Isso se mostra mais difícil quando estamos em uma posição de liderança. Se você lidera um pequeno grupo ou atua como presidente de seu conselho estudantil, gerente de uma equipe no trabalho ou pastor em uma igreja, sentirá uma enorme atração com que nenhum líder na história já teve que lidar. É pura matemática. O nível de acesso que temos uns aos outros é sem precedentes. O que significa que, como líder da equipe no trabalho, você pode receber um e-mail à meia-noite. Pode receber uma mensagem de texto marcada como urgente, mesmo que não seja. Seu tempo e atenção serão provavelmente mais desejados do que os de um rei há 100 anos.

Podemos receber uma ligação, uma mensagem de texto, uma postagem em que fomos marcados, um vídeo do Snapchat, uma mensagem de voz, um comentário em uma publicação, uma mensagem do FaceTime, uma mensagem direta, uma mensagem privada, uma mensagem do Vox, um e-mail, uma mensagem do WhatsApp, e muito mais, a qualquer hora. Enquanto estamos dormindo. Durante as férias. Quando estamos cozinhando ou limpando, ou indo ao banheiro. Literalmente não conseguimos escapar de alguém tentando se comunicar conosco. E pode ser qualquer um. Porque vivemos em uma cultura de acessibilidade e acesso, na qual demandamos, de uma forma agradável e cristã, é claro, acesso a outras pessoas o tempo todo.

Enviei um e-mail para você ontem às 23h30. Por que ainda não recebi resposta? Diz a pessoa enviando um e-mail às 6h. Hummm, provavelmente porque eu estava dormindo.

Sinto-me culpado por fazer isso às vezes. Eu me vejo enviando um e-mail para alguém e, depois, uma mensagem de texto dizendo "acabei de mandar um e-mail para você!" Isso basicamente diz a essa pessoa que seu mundo e sua vida devem girar em torno de mim. Fracassei.

Geralmente, não conseguimos controlar o quanto as pessoas querem do nosso tempo. Porém, felizmente temos controle sobre nossos sim e não.

Existe mesmo um ponto final? Uma linha de chegada? Na última vez que verifiquei, o tempo não é um bem substituível. Ele não pode ser comprado, acumulado, transferido ou trocado por dinheiro. Ele só pode ser *administrado* ou *desperdiçado*. E por "desperdiçado" não quero dizer por preguiça, e sim o contrário: desperdiçar tempo estando ocupado e com a agenda cheia. Quando tratamos o tempo do mesmo jeito que tratamos a Terra — como algo a explorar, usar e espremer até a última gota de vida —, é, *realmente,* um desperdício de tempo.

O tempo é sagrado. Não é algo em um tubo de ensaio ou uma placa de Petri, a ser medido ou analisado. Não estamos no controle. O tempo é algo ao qual nos submetemos. Uma mesa para nos sentarmos. Onde cada momento é sagrado, bonito e especial.

Aprendi a dividir meu tempo, então coloquei minha esposa e filhos em primeiro lugar, seguido do meu trabalho e meu ofício (escrever e criar), minha comunidade pela qual sou chamado a me submeter e viver, alguns seletos amigos e a margem de ser capaz de ouvir a voz de Deus, para que eu não perca momentos que Ele coloca à minha frente para interagir com meus vizinhos ou pessoas em cafés.

Depois disso, o relógio atinge zero. O bem chamado tempo é drenado. A maior mudança em mim depois de adotar essa formação é a de que, agora, estou simplesmente *disposto a admitir que meu tempo é limitado*. Não me apego a ilusões. Não posso fazer tudo o que me é pedido, ou tudo o que posso ou quero fazer. Na verdade, não é estranho chegarmos a pensar isso? Reconhecer esse limite, na minha opinião, é o primeiro passo para o que parece ser um superpoder — um trabalho espiritual muito mais focado no sentido e uma presença do ser muito mais sólida e amável.

Não é sobre ser egoísta, estranho ou introvertido. Trata-se de criar uma vida centrada nas prioridades com as quais mais nos preocupamos, para garantir que elas não caiam no esquecimento. É simples: não existe tempo para tudo. Pessoalmente, não me sinto contido por isso. Eu vivo porque me dá permissão para estar completamente com minha família, Jesus, amigos íntimos, minha comunidade e meus vizinhos.

Portanto, se você quiser que eu participe de uma chamada ou ouça sua nova ideia, será preciso me dizer que pessoa ou coisa na minha lista de prioridades é menos importante do que você, e aí talvez possamos conversar. E isso nem mesmo é um deboche meu. Agora vejo meu dia como um pote já cheio de pedras. Elas representam essas coisas que são importantes para mim. Então, para sua pedra se encaixar, alguma *deve* sair.

Não há problema em acreditar que temos uma quantidade finita de tempo. Não há problema em acreditar que não podemos adicionar mais nada às nossas agendas. Nós nos revelamos com nossas perguntas — e como respondemos às dos outros. Pensar que temos todo o tempo do mundo está nos custando algo. Nossa família. Nossa sanidade. Nossa saúde. Nossa alegria. Se você não tem tempo suficiente para fazer nada, então não tem tempo suficiente.

Não somos Deus. Logo, devemos parar de agir assim. Ser humano significa abraçar os limites, não tentar enganá-los. É como disse David Brooks: "São as correntes que escolhemos que nos libertam."[5]

Mas talvez você esteja na faculdade, seja um estudante de medicina ou uma mãe solteira trabalhando em três empregos. Existem exceções? Estar ocupado sempre é bom?

Quando penso na minha mãe em certos pontos da minha infância, lembro-me de ela gastar seu tempo sabiamente. Ela era uma mãe solteira, e mães solteiras são os mágicos do século XXI — fazendo coisas que parecem impossíveis. Sendo criado com ajuda de programas alimentícios e de assistência social em uma moradia do governo, o tempo sempre parecia apertado — um bem se esvaindo para longe de nós. Mas também me lembro de muitas vezes quando minha mãe obedeceu e disse sim para decisões difíceis que não pareciam lógicas ou certas, e dizia não para a correria que a afastaria muito de mim.

Temos que ser cuidadosos e fazer uma boa e difícil avaliação do nosso dia a dia. Acho que há algumas épocas em que um foco intenso é totalmente apropriado, em que uma arrancada, e não uma maratona, vale a pena para atingir um determinado objetivo. É trabalhar muito arduamente por um ano antes de se casar, para se livrar das dívidas. Ou ter certeza de que você está estudando durante anos para poder ser médico. Mas é preciso perguntar: Você está apenas mudando dessa correria de ficar ocupado para uma outra? Você realmente precisa manter esse trabalho extra? Precisa mesmo abrir essa loja no Etsy, o que exigirá bastante atenção? Em outras palavras, qual o seu objetivo estando ocupado assim? Uma casa maior, mais afirmação social ou algum outro marco arbitrário?

Muitos de nós não reconhecem — e raramente questionam — o quanto realmente amamos o caos, o frenesi e estarmos ocupados. Não admitimos que faz algo com nossa alma e que *gostamos disso*. Dá propósito e sentido. Nos sentimos necessários. Nos sentimos importantes.

E, acima de tudo, acreditamos implicitamente na mentira de que precisamos cuidar de nós mesmos, porque Deus talvez possa nos esquecer. Mas acredito que Deus cuida do seu povo — ainda mais quando estiverem honrando e *confiando* em Seu projeto e Espírito. E Ele tem feito isso desde o início da história.

Deixe-a Descansar

A Torá *ordenou* que os antigos israelitas honrassem a Shemitá, também chamada de ano sabático. É o período em que as pessoas param de trabalhar por um ano inteiro para dar um descanso à terra. Isso acontecia a cada sete anos. Lembre-se de que o solo não era apenas uma fonte de renda naquele momento da história; era também a base de sua economia e a forma de eles se alimentarem.

Deus disse a eles para não fazer nada por um ano inteiro, o que, como sabemos agora, é um princípio brilhante para o enriquecimento e sustentabilidade do solo (algo que conhecemos como cultura, mas que ainda não fazemos muito, pois bem, porque precisamos fazer mais coisas!).

Meu ensinamento favorito do Shemitá é o seguinte: "Toda a produção da terra que cresce por si só deve ser de graça para todos (até os animais têm igual acesso) e todos os empréstimos devem ser perdoados, dando às pessoas afundadas em dívidas uma oportunidade para recomeçar."[6]

Isso foi um enorme botão de redefinição em toda a sociedade. Ocorria ainda mais durante o Jubileu, que acontecia a cada sete anos sabáticos e durante o qual até os escravos eram libertados. Eles recondicionam a terra, as dívidas, a hierarquia e a pobreza.

Quando penso em como isso seria incrível hoje — interromper a produção, descansar por um ano e doar o que naturalmente ou acidentalmente produzirmos —, vejo como é improvável — e, no nosso sistema, talvez até injusto. Meu pensamento imediato quando considero se nossa família poderia instituir um modelo similar é: *isso seria um privilégio para nós? Seríamos capazes de fazer isso apenas por causa das vantagens que temos que nem todo mundo tem?*

Mas a ordem para o Shemitá claramente não era apenas para os mais abastados — porque até os ricos eram camponeses que viviam como nômades naquela jornada no deserto para Canaã. Mesmo um décimo do que a pessoa mais pobre teria parecia uma grande riqueza. Então isso é privilégio? Como eles, vivendo como tribos do deserto, conseguiram isso?

Sinceramente, não sei. Isso com certeza não parece fácil. É um imenso risco e vulnerabilidade, não importa em que século você esteja vivendo. A questão é notada ainda hoje entre os israelenses, mas vista como cashrut — uma subcategoria em que os debates sobre pequenos desvios ou modos de se observar isso são conhecidos por não abordarem o centro da questão. O debate principal perde o foco, pois se concentra nas regras e em como podemos não apenas observá-las, mas também pressioná-las sem quebrá-las totalmente — em vez de considerar o que acontecerá em nossos corações se estivermos produzindo sem uma pausa, tentando nos esforçar para chegar ao nosso limite.

Mas o Shemitá não era uma subcategoria a ser relegada a debates sobre vários modos de observar a lei atual. É uma declaração política. Uma declaração social. Um ato de resistência contra a produção, estar ocupado e nossa tendência cultural de nos tornarmos máquinas que não somos.

Mas não vamos simplesmente descartar, zombar ou desprezar o Shemitá como se fosse uma lei arcaica impossível.

E se víssemos isso como um fio que foi colocado no próprio tecido da existência para o bem de nossa humanidade?

Talvez o Shemitá tente nos ensinar que "as pessoas são de fato como a terra, de formas que são mais óbvias no mundo moderno: para ambas, quando o trabalho excessivo leva à exaustão, construímos "vitalidade" contínua não com renovação verdadeira, mas com produtos químicos".[7]

Roundup (um tipo de herbicida) para a terra.

Café ou bebidas energéticas para nós.

Isso deve bastar. Ou, no mínimo, silenciará qualquer grito por ajuda vindo das nossas almas e terras.

Mas não podemos ignorar a parte mais importante. A tradição antiga de um ano sabático foi projetada especificamente para ajudar órfãos e viúvas, marginalizados e pobres. Era um mecanismo de defesa contra a pobreza e a dívida esmagadora, e contra afundar em um buraco do qual não se podia sair. Foi uma enorme proteção para nossa humanidade — financeira, espiritual, econômica e fisicamente.

Será que nosso sistema está tão abalado que, se honrássemos essa tradição hoje, um ano sabático muito provavelmente exploraria os mais vulneráveis, que originalmente deveriam ser os protegidos?

Embora nem todos nós possamos tirar um ano de folga do trabalho, a questão que me assombra é: confio em Deus o suficiente para fazer isso? Acredito que Ele realmente cuidaria de mim se eu fizesse isso? Não é disso que trata a maioria das nossas atividades e ocupações? Tentar proteger nossas apostas, dizer que somos cristãos com nossos lábios, mas viver como órfãos espirituais que precisam agarrar e segurar cada última migalha ofertada.

Será que realmente acreditamos que Deus proverá? Que Ele pode ser confiável?

A Liberdade da Margem

Sem dúvida, nós só podemos prover a partir da margem. Financeiramente. Emocionalmente. Vocacionalmente.

O propósito de viver abaixo de nossas condições e não comprar tudo o que o mundo diz que precisamos — e talvez dizer não a um carro extra ou a uma casa maior — deixa margem em nossas finanças. Deixa espaço. Estamos gastando menos do que aquilo que temos, por isso temos margem. E, quando temos margem, temos liberdade. Liberdade para prover, liberdade para investir e liberdade do estresse.

O mesmo acontece com o nosso tempo.

Não gaste todo o seu tempo. Assim, você pode ser livre e usá-lo para servir.

Quando começo a falar sobre as opiniões intensas da nossa família em relação ao tempo e às agendas, é fácil para as pessoas pensarem que isso é egoísmo. Ou privilégio. Até me perguntaram se me deixei incomodar pelos outros. Sim, já aconteceu. É exatamente por isso que Alyssa e eu mantemos essa programação escassa.

Quero ser insensível ao focar em nossas prioridades em nossa agenda — *para que eu possa ser incomodado e ter tempo para isso.*

Para mim, não há forma melhor de mostrar a alguém que você ama essa pessoa do que suportar, com alegria, a inconveniência do fardo de outra pessoa.

Mas a maioria de nós tem zero possibilidade de margem nas agendas e nenhuma flexibilidade para interrupções.

Quando lemos atentamente o Evangelho, vemos que algumas das histórias mais loucas sobre Jesus aconteceram porque *Ele se deixou ser interrompido.* Ele não estava com pressa. O que ele estava a caminho de fazer poderia esperar. Ele estava aberto à liderança do Espírito.

Muitos agendam o Espírito Santo diretamente do nosso calendário, para que não haja espaço para estarmos prontos a servir de forma ordinária, mundana e imperceptível.

Muitas pessoas gostam de ficar bem ocupadas. Marcam para ir voluntariar. Fazem uma viagem como missionárias (e nunca mais veem as pessoas depois de retornar para casa). Lideram um pequeno grupo (mas nunca encontram com nenhum deles nos demais dias da semana).

Nossa família, propositalmente, diz não a essas coisas muito dignas durante essa época de nossas vidas. Para que possamos jantar com nossos vizinhos em noites aleatórias da semana. Ou para que as crianças e eu possamos escrever bilhetes de agradecimento para nossos bombeiros que estão estacionados a dois quarteirões.

Alyssa e eu acreditamos veementemente que as ruas importam. Que as vizinhanças importam. Que somos chamados para viver nesses lugares e nessas histórias. Além disso, dentro desses lugares comuns, somos chamados a viver em momentos comuns à medida que passamos pelos nossos dias, e a criar espaço, de forma específica e proposital, para que tenhamos tempo para eles, para as pessoas com quem vivemos, e para as que vivem ao nosso lado e vemos repetidamente.

Eu me pergunto se o fato de estarmos ocupados com "grandes coisas" ou "grandes sonhos", ou a Grande Comissão (comando de Jesus em Mateus 28:19–20, para entrar em todas as nações e "fazer discípulos") é, na verdade, nossa desculpa para não ter de conhecer as pessoas que vivem na casa ao lado.

Quando ouço as palavras *Grande Comissão*, imediatamente penso em sair do chamado de Jesus para fazer um trabalho de super-herói de forma grandiosa e intensa. Quero dizer, Jesus mesmo que disse "vá e faça discípulos de todas as nações", certo?

Mas será que, de alguma forma, esquecemos que a pessoa do outro lado do corredor, o carteiro, o vizinho e o barista se qualificam como pessoas e vivem em uma nação? Então, por que temos que fazer algo grandioso e louco para Deus quando o mandamento que ele nos deu pode ser cumprido apenas ao sermos fiéis e amarmos repetidamente?

Provavelmente caímos nessa mentira porque não nos lembramos de que as Escrituras, especialmente o Novo Testamento, são uma compilação dos melhores momentos. São as histórias memoráveis da igreja antiga, compiladas para passar adiante os ensinamentos de Jesus e contar a história do movimento do século I. Mas elas cobrem somente pouco menos de 100 anos, e o livro é bem pequeno!

O cristianismo não se tornou um movimento que virou o mundo de cabeça para baixo porque um cara chamado Paulo era louco, corajoso, aventureiro, audacioso e viajou o planeta para contar aos outros sobre Jesus. Isso contribuiu, com certeza. Mas o mundo virou de cabeça para baixo porque havia milhares de pessoas que amavam Jesus — sobre as quais nunca ouviremos falar, ou cujos nomes nunca saberemos —, e elas jantavam com as pessoas ao seu redor.

Elas cumprimentavam os vizinhos.

Elas viviam como testemunhas em seus ritmos diários.

Em nossa família, meu trabalho é muito rítmico, assim como provavelmente é para você. Não sou capaz de mudar muito. Preciso trabalhar durante o dia — e gosto de trabalhar. Mas criamos espaços de noite e nos fins de semana que são realmente livres, e vimos nossos filhos ganharem vida neles. Eles ficam menos rabugentos. Menos irritados. Mais alegres, atenciosos, criativos e amáveis. Porque crianças não conseguem esconder quando estão sendo pressionadas, oprimidas ou comprometidas demais. Elas mostram bem nos seus rostos, normalmente com lágrimas.

Alyssa e eu descobrimos que, se você faz seu trabalho de forma leal, ama sua esposa, ama seus filhos, ama seu vizinho, se encontra com Jesus e vai para cama na hora certa, a exaustão tende a desaparecer. Não estou dizendo que nunca nos sentiremos exaustos no fim da semana, mas passaríamos esse tempo e perceberíamos que, embora estivéssemos cansados, nossas almas estavam certas. Elas se sentiriam firmes de uma maneira que não estavam há um ano. É o que você sente quando trabalha no quintal o dia todo e está exausto, com suas pernas e mãos doendo — mas, como o trabalho foi intenso e significativo, você se sente *realizado*.

Agora vemos essa sensação avassaladora de se afogar como um sinal de fumaça nos dizendo que algo precisa mudar, e provavelmente tem a ver com agendas, a pressa, estar ocupado e com nossos corações. Depois, lembramos a nós mesmos que estamos escolhendo ter uma vida relativamente "chata", repleta de riqueza e significado incríveis.

Seneca escreveu que uma das coisas mais complexas e verdadeiramente confusas sobre nossa experiência humana é como tratamos o tempo. E como estranhamente o tratamos de forma tão diferente em relação a outros bens ou coisas sob nosso controle. Ele disse:

> Ninguém desistiria nem mesmo de uma polegada de seu patrimônio, e um problema com um vizinho, por mais suave que seja, pode ser um inferno; no entanto, deixamos facilmente que outros invadam nossas vidas — pior, muitas vezes pavimentamos o caminho para aqueles que assumirão o controle. Ninguém dá dinheiro para desconhecidos, mas para quantos cada um de nós entrega sua vida? Somos avarentos com propriedades e dinheiro, mas pensamos muito pouco em perder tempo, a única coisa com a qual todos devemos ser os mais pães-duros. Você só pode passar tantas horas do seu dia com outras pessoas antes que não haja mais nada.[8]

Mesmo se sobrar algo, você pode ter perdido a clareza, a energia e a capacidade de fazer qualquer coisa com isso.

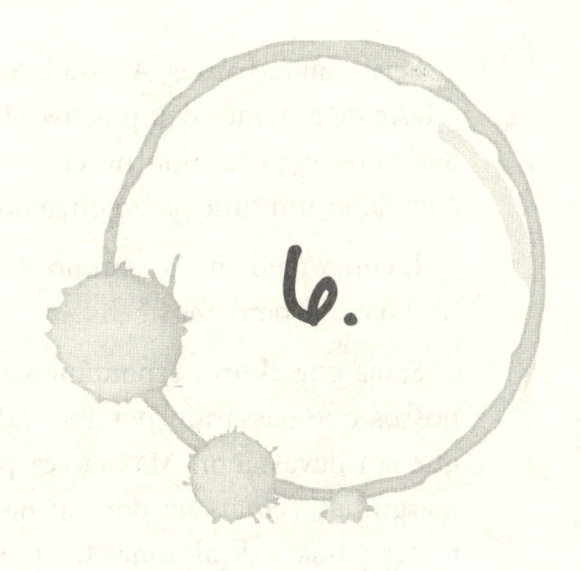

6.

O DOM DO DESERTO

Houve apenas algumas vezes na minha vida em que me senti verdadeiramente enganado. Por Deus. Pela sociedade. Pela cultura. E mesmo pelas minhas expectativas do que pensava que algo (ou alguém) deveria ser. Fui abandonado no frio, do lado de fora, e pensei: *Isso não deveria estar acontecendo. Não dessa forma.*

Um desses momentos foi quando perdemos nossa filha Ellie Grace, ainda bebê, em 2017.

Seis semanas antes, Alyssa havia pulado na cama quando o teste de gravidez deu positivo. Era o bebê de número três! Seríamos uma família de cinco. Poderíamos oficialmente completar um time de basquetebol.

E então me lembro quando Alyssa disse, dolorosamente: "Acho que a perdemos."

Sabia que aborto espontâneo era difícil. Quando amigos nossos que passaram por isso falaram sobre a situação, vi que era devastador. Mas talvez porque eles não quisessem mergulhar demais na dor, ou nos proteger dela, a história nunca passava de algumas frases e um momento triste.

Mas não é só triste.

É traumático. Horripilante. Cruel. Devastador. Surreal.

Morre uma vida, milagrosamente tecida e concebida no coração de Deus, repousando no útero. Dentro de outra pessoa. Você carrega a vida. Depois, a morte.

Fiquei tão chocado que me lembro de pensar: *Não tenho contexto para isso. Não tenho contexto para a morte.*

Alyssa e eu jamais tínhamos perdido um membro da família ou amigo próximo. A morte nunca tinha batido à nossa porta e nos encarado de frente. Até aquele momento.

E não há manual que ajude, especialmente com duas crianças pequenas em casa. Que ainda precisam ser alimentadas. Que ainda precisam que seus bumbuns sejam limpos. Que ainda precisam que alguém as dê banho. E sua esposa está arrasada com o fim de um sonho que não tem mais batimentos cardíacos. Sob uma dor horrível emocionalmente. Mas ninguém lhe conta o dano físico que isso causa no corpo de uma mulher. Que o corpo odeia a morte. E ele convulsiona e se revolta para se livrar dela. Você quase nem sente que tem tempo para processar a perda porque uma criança de 3 anos e uma de 2 têm necessidades. E elas precisam de você agora.

Foi aí que a maldição se aproximou. Colocou o braço à nossa volta e fez de nós amigos íntimos.

Não era para ser assim.

Obscuridade

Já faz 2 anos desde aquele momento da nossa história. Se você nos segue online ou assiste aos nossos vídeos, não fazia ideia de que passamos por essa dor quando aconteceu.

E isso não tinha nada a ver com não ser honesto. Ou autêntico. Era sobre a obscuridade.

O dom, a beleza e a necessidade desesperada do deserto. Do lugar de perambulação. Sozinho. O lugar onde Deus faz Seu melhor trabalho. Onde Ele conhece você mais intimamente. Onde Ele não é culpado pela maldição, mas caminha por ela com você.

Alyssa e eu compartilhamos essa experiência traumática apenas com alguns amigos íntimos e membros da família. Um dos piores e mais traiçoeiros aspectos da nossa sociedade superconectada é que não damos margem para que Jesus lide conosco na escuridão.

Não conseguimos ouvi-Lo em nossos traumas, problemas, sofrimentos ou dores porque deixamos que os outros falem primeiro. Escrevemos sobre isso em um blog. Compartilhamos no Facebook.

Sei que nem todos fazem isso, mas muitos sim — e isso é algo com o qual temos de lutar em nossa sociedade excessivamente conectada. Mas e se sua predisposição não for compartilhar coisas online? E se ela for mais particular e pessoal? Não acho que isso torne alguém mais "obscuro" automaticamente. O dicionário define *obscuridade* como "o estado de ser desconhecido, discreto ou sem importância".

E aqui está o problema.

De acordo com o caminho de Jesus, não é uma maldição.

Na verdade, deveríamos escolhê-la.

Logo, a verdadeira obscuridade é caminhar com Jesus por desertos secos, quietos, sem aprovação e isolados — sejam eles quais forem.

Mas sei por que a maioria de nós tem uma reação instintiva a compartilhar ou ficar online de forma excessiva. Pela mesma razão que alguns compartilham suas opiniões políticas no Facebook como se, de alguma forma, fosse útil para outra pessoa (se a eleição norte-americana de 2016 nos ensinou algo, é que a internet somente polariza e demoniza essas conversas em geral). A diferença aparece normalmente durante um bate-papo e um café, não digitando no seu iPhone.

Isso é rápido e nos dá o retorno que queremos. Um consolo barato.

Mas não está fazendo o trabalho duro da obscuridade. Precisamos nos posicionar e acreditar que isso faz parte da bênção, não da maldição.

Porque só há uma forma de se curar e encontrar a plenitude. E isso não pode ser encontrado on-line. Pelo menos não em sua totalidade.

Compartilhar traumas (ou mesmo coisas boas) com o mundo da internet, ainda em meio a eles, provoca um curto-circuito no processo. Atravessa os fios e gera faíscas. Faíscas altas — barulho. Adoração. Comentários como *"Nós te amamos! Estamos torcendo por você! Ah, sinto muito!"* Mas faíscas geralmente significam uma conexão ruim.

E se Deus quiser falar conosco a sós? Confiamos que ele tem o que é necessário? Não estou dizendo para passar por traumas e dificuldades sozinho. Você precisa da sua rede de apoio e da comunidade. De fato, eu me lembro do quanto nossos amigos próximos e a família nos apoiaram durante a perda do bebê. Refeições. Flores. Cartões com palavras de carinho. Orações por escrito. Ajuda com as crianças.

Estou mais preocupado com a parte da cura. Às vezes, dividimos muito rapidamente com o mundo — a internet, amigos não tão próximos, a esfera pública — antes de realmente processarmos, lidarmos com isso e nos curarmos.

No minuto em que fazemos isso, o nível de decibéis fica muito alto e não podemos mais ouvir Jesus. Ele fica abafado. E é n'Ele que está a verdadeira plenitude e restauração. De uma forma dolorosa, mas verdadeira. Na obscuridade.

Precisamos simplesmente sentar com Jesus sem orações incisivas. Precisamos pedir sua ajuda e saber que Ele nos vê. Embora a cura não venha da noite para o dia, sabemos que não estamos passando por isso sozinhos.

Amados

Podemos ver Jesus como o melhor exemplo de alguém que procurou a obscuridade durante seu tempo na Terra. Ele constantemente dizia: *pare. Não quero ser conhecido. Ainda não.* Ele estava sendo pressionado a ser mais público. Pressionado a revelar mais. Porém, após curar as pessoas, Ele dizia: *"Não conte a ninguém. Não é o meu momento."*

Embora o evangelho de Mateus comece com o batismo de Jesus, a tentação no deserto e as boas novas, ele nos mostra algumas coisas peculiares. Primeiro, Deus em carne não começou com um grande discurso político sobre esperança e mudança, ou um grande anúncio de: *"É isso que vou fazer. Estou aqui para salvar todos! Sigam-me."* Não. Ele começou todo o processo entrando na água.

O único que não precisava ser batizado acabou sendo.

Jesus se identificou conosco. Ele basicamente dizia: *"Não estou apenas fazendo isso por você, mas estou fazendo com você. Como um de vocês. Não precisava, mas quero."*

Quando ele saiu da água — cabelos molhados, água pingando em suas roupas — uma voz dos céus disse:

"Este é meu Filho amado, em quem muito me agrado" (Mateus 3:17).

Meu amado. O preferido do Senhor. Bênção, adoração e afirmação total repousando sobre ele como Messias. Jesus ainda não tinha feito nada como Messias. Nenhuma cura. Nenhum milagre. Nenhuma cruz.

No entanto, ele já era o amado.

O autor Jonathan Martin colocou dessa forma: "Quando Deus chamou Jesus de Seu amado, Jesus fez algo verdadeiramente notável. Ele acreditou n'Ele."[1]

Jesus era o amado não por algo que já tinha feito, mas por quem era amado. Um objeto de carinho. O amado. Com esse poder, crença e declaração, qualquer um pensaria que Ele instantaneamente marcharia pela cidade e começaria a agitar as coisas.

Tinha que ser tão estranho para todos que testemunharam uma exibição de poder e mistério que Jesus, enquanto estava ensopado, deu as costas a todos e simplesmente caminhou em direção ao deserto seco e desolado.

A palavra grega para deserto ou ermo nessa passagem no começo de Mateus 4 é *eremos,* que pode também ser traduzida como "lugar desolado", "o lugar solitário" ou "o lugar isolado".

Jesus voluntariamente entrou no lugar solitário. Por quê? Porque, embora ele soubesse que era o amado, é na obscuridade que ela afunda profundamente nos ossos. É onde fica marcada permanentemente — se permitimos.

Acreditamos que o Espírito pode nos convidar para lá também? Imagino Jesus a caminho do *eremos* e parando por um minuto para se virar. E, olhando para nós, gesticula com sua mão para chegarmos até Ele. Com um sorriso no rosto. Ele está pedindo para que O acompanhemos para o meio do deserto.

O deserto é onde o ferro quente do afeto marca a nossa alma. Ele vai da superfície para as profundezas. É colocado em um lugar de onde nada pode tirá-lo.

O autor John Mark Comer observa, contra um equívoco muito comum, que o deserto não era um lugar de enfraquecimento para Jesus. Com muita frequência, tendemos a ver essa história como aquela em que Jesus vai para o deserto e fica cada vez mais fraco, e o demônio se aproveita dessa fraqueza ao tentá-Lo no meio disso. Mas isso só revela o quanto odiamos e temos medo do deserto — nós pensamos automaticamente que ir a um lugar solitário e desolado será exaustivo, e deve significar fraqueza. Em vez disso, os 40 dias no lugar desolado representam aquela parte em qualquer videogame de luta quando seu personagem está sozinho e seu medidor de energia começa a recarregar. Ele estava marcando, cultivando e criando o poder profundamente em si mesmo, por meio do lugar solitário. E somente então, no fim daquele momento em que o Espírito O levou, Ele estava mais do que pronto para enfrentar o mal.[2]

E se o próprio Jesus precisou dessa ordem e processo, de quanto mais nós precisamos?

No entanto, queremos correr direto para o trabalho. Para a multidão. Para o barulho. Sem recarregarmos primeiro.

Somente então, depois do deserto, o evangelho de Mateus diz que Jesus começou seu ministério. Ele foi de cidade em cidade dizendo: "Arrependei-vos, porque é chegado o Reino dos céus!" Foi por isso que Ele veio.

Então, Mateus montou uma narrativa na qual Jesus foi batizado, foi para o deserto e, então, começou seu ministério. Essa ordem é extremamente importante, porque não há muitas pessoas que tentam fazer a mesma coisa.

1. Identidade (batismo);

2. Lugar solitário (deserto);

3. Para o que fomos criados (obra do reino).

Se você mudar ou pular algum passo, tudo se destruirá. Se Jesus simplesmente fosse do deserto ao ministério e pulasse seu batismo, não teria o poder necessário para sobreviver no deserto. A obscuridade.

Você já reparou que todas as três tentações de Jesus foram ligadas à identidade? Satanás sabe que vai vencer se ele nos leva a acreditar em uma mentira sobre quem somos e o que isso significa. É por isso que ele começa as tentações com: "Se tu és o Filho de Deus, então faça isso."

Mas isso é uma mentira por si só. Você não tem que provar a sua infância. Nem seu sobrenome. Você apenas recebeu isso. Ser amado é um direito. Um presente. Não é algo para se agarrar e apertar. Você não precisa se segurar. Você precisa fazer isso com uma propriedade sua. Mas um direito?

Um sobrenome? Você pode abrir suas mãos livremente e sua identidade não irá a lugar nenhum.

Saber que você é amado é a única forma de vencer no deserto. Se Jesus não tivesse o batismo e somente o deserto, quem sabe o que teria acontecido? Com toda tentação, quando Ele resistiu, esse afeto entrou um pouco mais profundamente em sua essência.

Mas imagine se Jesus tivesse o batismo, mas sem o deserto. Se Ele fosse direto do seu batismo para contar às multidões ali mesmo no Jordão que o reino de Deus estava próximo e em mãos. O afeto teria sido minimizado.

Deus está sempre falando conosco. Mas o mundo também está — e ele normalmente fala mais alto. Portanto, sem o dom da obscuridade, a bênção do deserto, o espaço do silêncio onde podemos ouvir o sussurro repetidas vezes, onde isso fica profundo em nosso ser, então o trabalho e o ministério o abafarão. Suas vozes substituirão a de Deus.

Mas e se você tiver o batismo, o deserto (obscuridade) e depois o ministério? Então, está pronto para exatamente o que Deus tem pra você.

Você já ouviu que é amado.

Foi marcado na sua alma.

E agora você exala plenitude para os outros conforme caminha em sua vida diariamente.

Seja Monótono

Cem anos atrás, pessoas podiam pensar que, se suas colheitas não crescessem bem, eram maldiçoadas. Ou se seu casamento terminasse. Ou em caso de uma grande doença.

Mas, para a nossa geração, nossa maldição é muito diferente. É ter que ser *comum*.

E assim fugimos de onde a riqueza e a profundidade estão escondidas. Não conheço outra geração tão aterrorizada com o que pode nos levar até lá — obscuridade, desolação e mediocridade.

Mas e se ser obscuro, assumindo e buscando isso em algum nível, nos der o que procuramos em todos os lugares?

Pense na frase "vivendo sua melhor vida". Ela é frequentemente acompanhada de imagens insanas de ambição e manipulação da vida, e uma idolatria de produtividade. Trata-se de construir uma empresa avaliada em sete dígitos ou tentar essa nova forma de lidar com os níveis de energia e sono pela manhã, ficar obcecado com o estabelecimento de metas e nunca dizer não aos seus próprios sonhos e paixões. É, principalmente, sobre ser *notado*.

Pessoalmente, parei de vez de usar essa frase e outras similares ("seja mais produtivo", "amplie sua influência", "busque seus sonhos" e coisas assim). Troquei isso por algo que tem proporcionado mais vida. E é bem simples. Meu novo mantra de vida é *ser monótono*. É verdade. Escrevi isso como um lembrete ao lado do meu computador.

Porque o que nossa cultura define como monótono (ou medíocre, ou desperdício de talento), as Escrituras e o caminho de Jesus definem como quieto, belo e fiel.

Portanto, continuarei a perseguir o monótono porque é isso que realmente me permite viver plenamente. Sinto-me firme, desacelerado, sem ansiedade, cheio de alegria e estável, com uma paz que acho que só vem da quietude d'Ele.

Simplesmente ficarei aqui, dizendo "não, obrigado" para o ataque pela internet dos líderes de pensamento que me falam para fazer, ser e alcançar mais. Não, cara, estou bem. Não quero atrapalhar nada ou enganar o trabalho da vida.

Você vai me encontrar buscando um casamento "monótono", uma família "monótona", uma vida de trabalho "monótona" e uma agenda "monótona", e *adorando isso*. O que a maioria de nós está perseguindo em toda essa cultura insana de tornar a vida mais fácil — com sentido, profundidade e riqueza — pode ser encontrado no monótono.

E é aqui que tenho de lidar mais com isso: ao pensar em nossa cultura cristã e sua obsessão em fazer coisas "grandes" para Deus. E se Deus não quiser que eu faça grandes coisas para Ele? Tipo nada? E se Ele apenas quiser que eu fale com Ele, O conheça e viva uma vida comum, na qual amo Ele e meus vizinhos de forma intensa?

Alyssa e eu fazemos essas coisas de YouTube, redes sociais, online, como um trabalho de tempo integral há seis anos, mas cheguei à conclusão de que Deus não se importa com isso tanto quanto se importa com outras coisas.

Imagino que um dia Deus me faça perguntas sobre essa vida que foi me dada, e como a vivi.

Ei, Jeff, sabe aquele negócio online que dei a você e à Alyssa? Você administrou bem? Ok, legal. Vamos continuar.

Ei, Jeff, conhece aquele vizinho que morou na casa ao lado da sua nos últimos 8 anos? Qual é o nome dele?

Jeff, você tem ido àquele café para trabalhar algumas vezes por semana nos últimos anos. Já perguntou à barista sobre sua história de vida?

Jeff, por que toda vez que tentei encontrar com você ou conversar, você estava mais animado em mexer no celular, ou muito ocupado com sua agenda, ou fazendo e não sendo?

O monótono é sagrado.

O obscuro é sagrado.

O mundano é sagrado.

Monótono não é um sinal de maldição, mas, na verdade, de intimidade. Como você julga a proximidade de uma amizade com alguém? Por que você considera sua esposa, seu melhor amigo ou alguém na sua família a pessoa mais próxima de você?

Há um nível em que vocês conhecem um ao outro que simplesmente não pode ser repetido, copiado ou prejudicado. Isso acontece lentamente, metodicamente, ao longo do tempo. Construindo uma memória e um momento em cima do outro. Durante anos. Ou décadas.

Se você me colocar em uma sala com um estranho, teria que estar "ligado" e adoraria saber mais sobre essa pessoa. Mas isso vai dar trabalho porque não a conheço.

Mas e com Alyssa? Às vezes, podemos sentar um ao lado do outro e não conversar. Por horas. Nossa intimidade é muito grande. O conforto foi construído ao longo de anos. Conhecemos um ao outro. Quero dizer, *compreendemos* um ao outro. Compreender e ser compreendido é o que estamos buscando na maior parte do tempo.

Quanto mais tempo conhecemos alguém e quanto mais profunda a intimidade se torna, mais monótona fica.

Quando comecei a sair com Alyssa, era a época mais animada da minha vida. Não conseguia parar de pensar nela e, honestamente, havia uma empolgação física no meu corpo por causa dela. Cantarolava mentalmente, vivendo a magia de um namoro juvenil.

E agora?

Nem tanto.

Mas adivinha só?

Eu a amo muito mais feroz, profunda e intimamente do que antes.

Meu amor por ela quando adolescente (tínhamos 19 anos quando nos conhecemos) não está à altura de minha intimidade e amor por ela aos 30.

Monotonia e simplicidade são sinais de intimidade para mim. Então me pergunto se, por não gostarmos dessas coisas, também estamos dizendo não à intimidade. A superficialidade é essencialmente o que domina o dia desde que apoiemos momentos rápidos, espetaculares e incríveis como sinais de uma verdadeira vida. E não ser monótona, comum e com amor e presença inabaláveis.

Voltemos a *Mr. Rogers*. Um debate cultural ridículo e irritante, na minha opinião, surgiu no final de sua vida. Pessoas o criticaram por criar uma "geração de flocos de neve". Basicamente porque ele passou décadas dizendo às crianças que elas eram especiais e únicas, portanto, era o culpado por tudo de errado na geração dos millennials.

Alerta de spoiler: não foi isso que *Mr. Rogers* quis dizer com "especial e único", ou o que a maioria das pessoas profundamente afetadas por ele achavam que ele queria expor.

As críticas atingiram força máxima no início dos anos 2000. E então, quando ele foi convidado a fazer o discurso de formatura da Universidade Marquette em 2001, certificou-se de ser o mais claro possível em relação ao que queria dizer. "Você nunca precisa fazer algo sensacional para amar ou ser amado. O drama real da vida (o que mais importa) raramente é o centro do palco ou das atenções. De fato, isso não tem nada a ver com QIs, méritos e o lado extravagante da vida."[3]

Você não tem de fazer nada sensacional para ser amado.

Ou para amar.

Não é preciso ser espetacular para viver uma existência plena e próspera.

O objetivo da vida não é ser dramático, notado, impressionante, atraente, de tirar o fôlego, glorioso, notável ou fantástico.

Deus já percebe você. Você chama a atenção d'Ele. Você tira Seu fôlego. Está repleto de Sua glória.

Deus nunca nos ordena a buscar essas coisas, e sim a amá-lo e amar nossos semelhantes.

Sempre que conversei sobre isso com outras pessoas, recebi uma resposta consistente: a mediocridade diminui ou enfraquece o poder de Deus.

Jesus não era um caso especial. Quase todas as grandes figuras que conhecemos nas Escrituras tiveram um período significativo de obscuridade.

Pelos nossos padrões, de fato, muitos deles parecem ter desperdiçado suas vidas.

Moisés era a figura mais imponente no Antigo Testamento, a figura mais importante na fé judaica. O árbitro e guardião da Torá e da aliança feita no Monte Sinai.

Mas todas as razões pelas quais conhecemos Moisés e o celebramos parecem ter entrado em sua vida praticamente no último minuto.

Sua vida parecia desperdiçada e estranha em todos os aspectos.

Foi criado na família do faraó.

Então, ele matou um homem.

Sim, ele assassinou alguém.

E depois foi para o deserto e cuidou de ovelhas por quatro décadas.

Imagine se essa fosse sua vida.

Não há nada grandioso para Deus.

Não é uma empresa avaliada em 7 dígitos aos 30 anos.

Nada de viajar pelo mundo, ir à Europa e postar no Instagram sobre como sua vida é incrível aos 20 anos.

Não.

Um lugar.

Quatro décadas.

Onde ninguém se importava ou conhecia ele, sem fazer nada de especial.

Cuidando de ovelhas.

Todo dia.

Ou que tal Abraão? O verdadeiro pai da fé judaica e uma enorme figura na Torá. Tudo dependia dele e da promessa.

Aparentemente, ele possuía riqueza e privilégios, e fazia parte de uma linhagem multigeracional abaixo de seu pai.

Ele ouviu esse Deus estranho, diferente do de seu pai, que o chamou para um lugar desconhecido, e fez algo maluco — ele disse sim.

E, então, Deus disse: *Por causa de sua fé e confiança, criarei uma nação inteira a partir de você. Mesmo que você ache que não pode ter filhos, vou reorganizar o mundo por meio de você e sua família, e seus descendentes serão como grãos de areia.*

E assim ele viveu nessa promessa. Em fé e obediência radicais. Longe de tudo o que ele sabia. Muito na obscuridade.

E no fim de sua vida ele teve um filho chamado Isaac — porque o milagre foi tão escandaloso que eles não conseguiram parar de rir (*Isaac* significa riso).

E, depois, o que aconteceu?

Ele morreu.

E é isso.

Coloque-se no lugar de Abraão. Deus promete a você que fará de você uma grande nação. Trará a bênção, a promessa e a renovação de todas as coisas pela sua linhagem.

E você vive décadas sem que nada aconteça.

Então você tem um filho e morre.

Ele não conseguiu aproveitar a plenitude da promessa que se concretizou. Mas se tornou realidade. E, por sua vontade de viver na obscuridade e relativamente "desperdiçar" sua vida sob obediência a Deus, isso se tornou realidade.

Ele viveu sua vida em obediência, rumo a um sonho que nunca veria. Ou faria parte. Ou do qual se beneficiaria.

Ainda assim, ele fez isso.

Veja o exemplo do apóstolo Paulo no Novo Testamento.

Ele teve uma experiência radical com o Senhor no caminho para Damasco. Ouviu a própria voz de Jesus, foi derrubado do cavalo e ficou cego. E foi dito que ele seria uma das figuras mais importantes de um movimento do século I que viraria o mundo de cabeça para baixo.

E o que ele fez?

Começou a pregar? Foi por aí contando às pessoas o quão incrível Jesus é? Ele voltou para o cavalo e correu à praça da cidade para pregar as arrebatadoras e surpreendentes boas notícias?

Não. Ele passou anos na Arábia e depois na Síria, e essa é uma época da qual não temos muita informação.

E se Deus quiser que apenas amemos a pessoa que está a duas portas de nós? Consistentemente? Por uma década? E isso pode ser tudo o que fazemos em nossa vida que vale alguma coisa — pelo menos pelos padrões de Deus. E se realmente abraçarmos o desconhecido? O despercebido? O lugar escondido? Por que tudo precisa ser compartilhado ou processado em voz alta?

Eu sei o que você está pensando.

Jeff, Deus não quer que sejamos comuns! Ele é grande, imenso e milagroso, e nos dá momentos extraordinários.

Para os quais eu diria sim e não.

Deus é grande, imenso e milagroso?

Sim.

Ele nos proporciona muitos momentos extraordinários em nossas vidas?

Na verdade, acho que não. Aqui está uma maneira melhor de dizer: não devemos procurar esses momentos, mas viver nossas vidas na santidade do ordinário. E se Deus quiser chamar nossa atenção com algo grande, podemos confiar que Ele o fará.

Voltemos ao exemplo de Moisés na Bíblia. Ele estava desperdiçando sua vida no deserto há 40 anos. Com ovelhas.

Ele era um cidadão idoso. Recebendo aposentadoria. O ponto na vida em que nossa cultura acha que estamos basicamente cansados de fazer qualquer coisa significativa. Mas a única coisa "significativa" que sabemos dele até sua velhice é que ele assassinou alguém de sua própria raça. Um irmão dele. Depois, viveu sua vida por décadas em silêncio, e silenciosamente, no deserto da obscuridade.

Ele queria fazer coisas grandes para Deus? Ele era como um elástico puxado para trás, apenas esperando ser lançado em direção à palavra de Deus?

Não. Pelo menos não parecia isso.

Ele estava saindo com as ovelhas, cuidando de seus negócios — não buscando algo importante para tornar sua vida significativa. Em vez disso, ele fiel e obediente, perseguiu o significado do dia à sua frente.

Então, de repente, em um dia aleatório, ele olhou para a esquerda e viu um arbusto pegando fogo. No entanto, não estava consumido pelas chamas.

Humm. Isso é estranho, ele deve ter pensado.

Então, o arbusto começou a falar; Deus o chamava para libertar seu povo da escravidão.

Moisés não estava angustiado, sentindo vergonha de desperdiçar a vida em um lugar isolado. Não. Um arbusto pegou fogo e começou a falar com ele. Deus veio procurá-lo.

Mas, mesmo com esses milagres, Moisés resistiu. Porque ele não buscava reconhecimento ou tentava ser extraordinário. Ele estava sendo fiel no ordinário e, quando Deus quis chamar sua atenção — quando Moisés tinha idade suficiente para pegar ônibus de graça —, fez algo notável.

Muitos de nós podemos aprender com Moisés. Aliás, com todos esses personagens bíblicos. Ser presente e fiel até o dia *em que estamos atualmente*. Queremos fazer algo grandioso. Deus quer que sejamos leais. E se parássemos de tentar fazer coisas extraordinárias para Deus? E se abaixássemos a cabeça, realizássemos nosso trabalho e fôssemos fiéis a tudo isso? Se nós fizéssemos nosso trabalho com excelência? Amássemos nossos amigos, vizinhos e colegas de trabalho? Aceitássemos o Espírito de Deus todos os momentos de todos os dias, e estivéssemos perfeitamente contentes para fazer essa mesma rotina de normalidade dia após dia até morrermos? Se ficássemos bem com isso? E se esse tipo de vida fosse uma bênção, não uma maldição?

Tive que aprender isso da minha maneira estranha e única, algo que nem seria possível uma década atrás.

Depois de me formar na faculdade, fiz como muitos millenials — gravei um vídeo aleatório e postei no YouTube.

Não havia propósito, intenção, razão ou plano. Meu amigo e eu fizemos um vídeo e colocamos no YouTube. Não pensamos além disso.

Dentro de 24 horas, ele viralizou de forma insana. É estranho que um vídeo de 4 minutos e 32 segundos tenha virado minha vida de cabeça para baixo. Para sempre.

Algumas pessoas na Internet pensavam que era a melhor coisa do mundo, enquanto outras achavam ser a pior.

Foi uma experiência surreal entrar em um site que eu via todos os dias para notícias e informação e, na primeira página, ler um artigo sobre como eu estava extremamente errado e enganando milhões com o que disse no meu vídeo. É claro que houve respostas positivas também, e muitas pessoas achavam que essas poucas semanas após o vídeo viralizar devem ter sido incrivelmente impressionantes para mim. Mas foi exatamente o oposto. Eu odiei. Foram algumas das semanas mais difíceis da minha vida. Eu me senti como se estivesse em uma panela de pressão de elogios, críticas e crise de identidade, tudo de uma vez. Foi uma experiência surreal ter tantas pessoas de olho em mim em tão pouco tempo. Não acho que humanos foram criados para conseguir sustentar essa pura força de atenção.

Felizmente, por causa de mentores sólidos e âncoras em minha vida, Alyssa e eu conseguimos passar por essa época dignamente. E algumas oportunidades legais vieram daí. Meses depois de o vídeo viralizar, fui abordado por Thomas Nelson e tive a chance de escrever um livro, um dos meus sonhos de vida — mas que ainda não considerava porque não via caminho viável para tal. Então, a oportunidade caiu no meu colo por causa de um vídeo.

E, assim, meu primeiro livro foi publicado em 2013 e estreou no terceiro lugar na lista dos mais vendidos do *New York Times,* ali permanecendo por nove semanas. A obra vendeu centenas de milhares de cópias, além de ser traduzida para alguns diferentes idiomas.

Mas eu tinha 24 anos e nenhum contexto ou experiência anterior. Não fazia ideia de que a publicação média vende 3 mil cópias, então pensei que isso era normal.

Até meu próximo livro ser lançado.

E foi aí que a luta começou. É surreal encarar a realidade de que seus sucessos comerciais provavelmente estão atrás de você. No entanto, você ainda está na casa dos 20 anos. Crescendo, nunca pensei que minha carreira atingiria o auge aos 24. Muito provavelmente, nunca existirá um vídeo tão bem-sucedido como esse primeiro. E nunca haverá um livro que escrevo com tanto sucesso como esse primeiro.

Que sensação estranha é saber que posso (ou espero) escrever livros pelos próximos 60 anos, criar vídeos e conteúdo para as próximas décadas. No entanto, pela avaliação do mundo, minha maior conquista já ficou para trás.

Foi aí que a obscuridade se tornou real para mim, à sua maneira. Claro, ainda somos pessoas "públicas" em um sentido. Mas e se os números, visualizações e vendas não forem a medida de sucesso na economia de Jesus?

E se ser menos conhecidos — viver, andar, lutar e criar a partir disso — gerar de alguma forma trabalho mais significativo e eficaz?

Estou muito orgulhoso do livro que você está lendo agora. Ele parece mais suado, pesquisado e escrito do que o meu primeiro. Foi necessário mais trabalho e sinto que, como em qualquer ofício, fiquei ainda melhor na habilidade de escrever. Mas o que você faz quando seu primeiro livro é aquele que todos amam e conhecem?

Até sinto uma pontinha de vergonha em relação ao meu primeiro livro porque foi, literalmente, o primeiro que escrevi. Imagine sua primeira tentativa em qualquer coisa — pintura, mecânica, costura —, geralmente há um nível em que simplesmente não é tão bom, claro e simples. Mas também sei que o mundo é mais complexo do que isso e reconheço o quão legal (e estranho) é Deus estar usando algo que me incomoda tanto. Talvez seja por isso que as pessoas o leiam. Foi um livro escrito por um ninguém em uma idade em que provavelmente não deveria estar escrevendo, mas que tocou milhares de pessoas de alguma forma. Uma vara torta ainda pode desenhar uma linha reta, e esse livro é um bom lembrete disso.

O outro lado da moeda está em como respondi ao sucesso. Se tivesse estabelecido visualizações, vendas ou fama como os principais marcadores de realização, estaria atormentado profissionalmente agora. Se escrevesse livros e fizesse vídeos simplesmente para tentar decifrar o código de novo, estaria rodando atrás do meu próprio rabo. É uma fonte de água que nunca se satisfaz. Porque mesmo se você decifrar o código novamente, isso é inferior, vazio e falso.

O trabalho em si é a benção. Não é o resultado dele.

Ser fiel no processo é o que Deus quer. Não como acaba.

Faça o trabalho. Ame o trabalho. Seja fiel.

Não importa os resultados, elogios ou quem verá.

Se há uma coisa que aprendi bem intensamente, foi a de que o "trabalho" que faço não é o que importa. A meta de seguir Jesus não é fazer um monte de coisas. É se tornar um tipo de pessoa. E há um lugar que nos forma e nos molda profundamente, se estivermos dispostos a ir lá: o deserto. A terra desolada. Ela parece diferente para todos, mas ainda é um deserto. Para nós, era o nosso quarto seis semanas após descobrirmos que tínhamos perdido nosso terceiro filho. E, mesmo digitando isso agora, lembro-me de como me senti. Como isso foi doloroso. Porém, o melhor é que não saímos sozinhos do deserto. Havia um rabino judeu com os cabelos molhados andando alguns passos à nossa frente. Que nos convidava para aceitar a formação da obscuridade. A não resistir a ela, mas dar-lhe as boas-vindas. Isso é um dom. E é onde Ele está se quisermos encontrá-lo.

UM DIA DE RESISTÊNCIA

Como sou obcecado por *De Volta para o Futuro* (o maior filme de todos os tempos!), estou constantemente pensando nas épocas e datas históricas em que usaria o DeLorean para voltar. Momentos famosos, instigantes e interessantes.

Uma dessas datas históricas seria dia 5 de fevereiro de 1982, na cidadezinha de Swidnik, na Polônia.

Se descesse do DeLorean na rua principal, veria pessoas indo ao mercado, pegando correspondência, fazendo suas coisas e cumprimentando umas às outras. Em outras palavras, seria tudo totalmente normal, exceto por um detalhe.

Todos estariam carregando suas TVs.

Um cara empurrava um carrinho de mão com sua TV.

Uma mãe levava um carrinho de bebê, mas com a TV onde a criança normalmente vai.

Outros apenas carregavam suas TVs nos braços enquanto cumpriam suas tarefas, jogando-as nos balcões sempre que paravam em uma loja e faziam uma pausa.

Esse foi um enorme e coletivo ato de resistência. Algo profundamente subversivo, semelhante ao que Daniel e seus amigos fizeram quando disseram que não se curvariam ao Antigo Testamento.

No início dos anos 1980, na Polônia, houve um conflito das autoridades comunistas (no poder desde a Segunda Guerra Mundial) e um movimento sindical popular de trabalhadores em greve, chamado "Solidariedade".

No dia 13 de dezembro de 1981, as autoridades tentaram reprimir o movimento da forma mais forte possível, colocando tanques nas ruas e parando o Solidariedade definitivamente. Centenas foram presos e dezenas acabaram mortos.

Isso só fortaleceu o movimento.

Os grevistas começaram a boicotar o noticiário da TV, composto basicamente de ficção e propaganda daquele momento. Mas um boicote das notícias em si não tinha poder suficiente para envergonhar o governo ou fazê-lo ceder, então todos decidiram sair para passear à noite, exatamente na hora em que o noticiário estivesse no ar, com suas TVs.

E adivinha só? Funcionou. Foi uma forma silenciosa, mas muito marcante, de dizer que *esse sistema todo é uma farsa e não queremos fazer parte dele.* Uma imagem enorme de uma comunidade publicamente envergonhando o noticiário de propaganda do governo e simplesmente afirmando o seguinte: *nenhum de nós se importa com ou quer isso, e nos recusamos a assistir.*

É como um defensor do movimento disse mais tarde: "Se a resistência é feita por ativistas clandestinos, não somos eu ou você, mas, se vir seus vizinhos levando a TV para dar uma volta, você se sente parte de algo. Um objetivo da ditadura é fazer você se sentir isolado. Swidnik quebrou o isolamento e construiu confiança."[1]

Isso passou de um ato privado e individual para um ato público e coletivo, que abriu as portas e permitiu que outros dissessem: *eu não estou sozinho na resistência a esse governo. Nós somos fortes.*

Na sua essência, era um ato cotidiano e comum de resistência. E virou Swidnik e a Polônia de cabeça para baixo. A ideia de "levar sua TV para dar uma volta em público exatamente quando o noticiário estivesse no ar" se espalhou pelo país inteiro, enfurecendo totalmente o governo. E, ainda assim, eles se sentiram impotentes para retaliar, uma vez que passear não era um crime.

Foi por isso que, quando ouvi essa história pela primeira vez, ela apareceu imediatamente no topo da minha lista de desejos para viagens no tempo com o DeLorean. Além disso, não conseguiria evitar pensar nas semelhanças com o sabá (ou sábado, dia de descanso semanal no judaísmo já mencionado em capítulos anteriores).

Um ato comum de resistência.

Porque é isso que é o sabá.

Em nossa cultura ocidental que constantemente se ajoelha para os deuses da produtividade, da identidade baseada no trabalho e da velocidade, o sabá aparece como um ato de resistência semanal, dizendo *não*.

Nós não somos o que fazemos.

Nós não somos o que temos.

Nós não somos o que podemos comprar.

A forma de derrubar o império do vício em trabalho, do individualismo e das velocidades do esgotamento é dar uma volta pela cidade toda semana com nossa TV embaixo do braço. Colocada no carrinho de mão, ou no de bebê.

Porque, pessoalmente, não acho que exista algo mais necessário agora na nossa cultura do que o sabá — que, ao mesmo tempo, é incrivelmente mal compreendido por religiosos e não religiosos.

Precisamos aprender a interromper.

Precisamos aprender a parar.

Precisamos aprender a ter um dia de prazer uma vez por semana.

Precisamos de um dia para ter a certeza de que ainda estamos ouvindo a música adequada.

Dançando no ritmo.

Um dia para garantir que os planos e nossas vidas ainda estão alinhados.

História da Origem

Quando falamos sobre o sabá, muitas vezes baseamos nossas ideias em uma imagem cultural ou religiosa estranha. Mas vamos voltar às origens. O sábado foi criado no começo — porém, não da forma como pensamos.

Quando abrimos a primeira página das Escrituras, somos imediatamente atingidos por uma narrativa profundamente bela e poética sobre as origens, que são importantes (basta olhar os quadrinhos da Marvel). Precisamos delas para basear adequadamente nossa compreensão e futuro.

Agora, uma história rápida. Muitas vezes sentimos falta de todos os pequenos trechos que configuraram o Gênesis como uma história de origem alternativa às demais histórias no Antigo Oriente Próximo. O autor do Gênesis estava brincando com outros temas e ideias na época, dizendo algumas coisas profundamente subversivas.[2]

Em outra literatura daquele tempo, havia a ideia de que existiam muitos deuses. E eles dominavam várias coisas — a chuva, o suprimento de comida, o nascimento e assim por diante. Não havia realmente um Deus acima de *tudo*. Portanto, outros textos da criação normalmente focam em um lugar ou templo específico, para a residência desse deus.

E, quando a habitação de cada deus fosse construída, duas coisas aconteceriam.

Primeiro, um ícone ou imagem seria colocado no meio do templo como uma representação visível deste deus. Em segundo lugar, ele seria convidado a morar no templo. É muito parecido com uma festa de inauguração, em que você interrompe o ritmo normal de trabalho para celebrar.

O ponto subversivo e escandaloso sobre o Gênesis é que ele segue a mesma estrutura das histórias de origem do seu tempo, mas as inverte completamente. Ele diz que, sim, Deus tem um templo, mas não é um edifício — é a Terra. A construção de seis dias e nenhuma estrutura física insinua que esse Deus não é regional; ele está acima de tudo, e o planeta inteiro é sua morada.

Então, em vez de estátuas feitas de ouro e prata colocadas nesse templo, ele cria imagens dele mesmo em pele, carne e osso, e as coloca no jardim. Elas são os ícones divinos, colocados na Terra como representações físicas desse Deus que criou *todas as coisas*.

Logo, o dia final da criação faz muito mais sentido: "No sétimo dia, Deus já havia terminado a obra que determinara; nesse dia descansou de todo o trabalho que havia realizado" (Gênesis 2:2).

Tudo foi criado e girava em torno da existência. As imagens ganharam vida. Colocadas no templo (Terra).

E agora?

A resposta é simples — vamos festejar.

Isso me lembra o dia 15 de julho de 1999, quando o Seattle Mariners, querido time de beisebol da minha cidade natal, abriu um belo e novo estádio chamado *Safeco Field*. Essa inauguração foi *diferenciada*. Ainda me lembro de toda a alegria e comemoração. E de ver Ken Griffey Jr. (o mais emblemático jogador de beisebol de todos os tempos) entrar na caixa do batedor pela primeira vez.

Embora fosse uma festa, também era um convite para lotar o espaço. Afinal, o novo estádio tinha ficado vazio durante a construção. Por anos. Mas, quando o jogo inaugural aconteceu, tudo o que importava era *preencher* — com fãs e jogadores, e com a alegria e o espírito do beisebol.

Então, quando falamos sobre o sábado, é sobre o sentido profundo de alegria, preenchimento e celebração. É diferenciado e distinto. É o dia de descanso, mas não no sentido de "vamos sentar ali e comer batatas fritas o dia inteiro, sem fazer nada".

No fundo, o sabá é um convite para lotar a Terra com a presença de Deus. Esse primeiro sábado foi quando Deus residiu em sua criação. Portanto, separamos um dia para lembrar disso e pedir para ele retornar de uma forma especial novamente. E novamente, semana após semana.

Agora, imagine como Adão se sentiu no primeiro sábado. Os humanos foram criados no sexto dia, o que significa que, quando Adão abriu os seus olhos pela primeira vez, ele estava olhando para o sabá e o descanso.

O sábado era a sua referência. Seu primeiro momento. Sua primeira memória. O descanso de Deus, a celebração e o preenchimento da Terra são o primeiro momento de Adão. E somente então ele poderia trabalhar adequadamente e viver a vocação que Deus tinha dado a ele.

A perspectiva de Deus era trabalhar, depois descansar.

Já a de Adão era conhecer o descanso e depois trabalhar.

Muitos de nós estão tentando ser como Deus quando, na verdade, somos Adão. Somente quando realmente conhecemos o descanso e a celebração podemos saber como trabalhar e desfrutar disso. Trabalhamos a partir do descanso, não para descansar.

Quando penso em Adão e naquele primeiro dia de sábado, a palavra *alegria* vem à cabeça. O sabá é uma alegria e sempre foi assim desde o primeiro momento.

Mas então, nas Escrituras, o sabá desaparece um pouco depois disso. Seu espírito parece sumir quando a maldição baixa. O trabalho se torna uma rotina e gera somente espinhos e ervas daninhas. Deus quer lotar o planeta com sua presença, mas a escolha e a rebelião humanas estão ativamente fazendo com que Ele recue.

O shalom é interrompido.

A decadência está aqui.

E agora a alegria não é o padrão.

É preciso brigar pela alegria. Lutar por ela. Das próprias mãos da maldição. Não é de se estranhar que o escritor de Hebreus tenha dito: "Esforcemo-nos por entrar naquele descanso" (Hebreus 4:11). É preciso trabalho para não funcionar em nossa cultura. É preciso esforço para cultivar um espírito de descanso.

Mas como fazemos isso na prática?

Dias Santos

Nossa família é muito obcecada pelo Natal. Se você já viu *Um Natal Muito, Muito Louco*, somos basicamente o personagem de Dan Aykroyd.

Montamos nossa árvore de Natal em outubro.

Começamos a ouvir músicas de Kenny G em julho.

E, na verdade, chocolate quente com menta nunca sai de cena.

Amamos o Natal.

É, facilmente, o melhor feriado cultural nos Estados Unidos. Enquanto outros duram apenas um dia, o Natal é um *estilo de vida*.

A razão pela qual gosto tanto do Natal é que ele é um dos únicos feriados que celebramos como uma cultura que se estende sobre toda uma temporada, e não apenas um dia. De alguma forma, isso representa um poder para que seja uma época de reflexão, para desacelerarmos e passarmos um tempo com nossa família. O Natal é mágico.

E é também por isso que acho que o Natal é a coisa mais próxima em nossa cultura da essência do que é verdadeiramente o sabá. Muitos de nós veem o sábado como uma consulta ao dentista — algo que talvez tenhamos que fazer e que todos diremos que é bom para nós, mas que realmente não é tão agradável (em muitos casos, é horrível). Mas é muito mais parecido com o Natal — um ponto alto de comemoração e prazer que não é perfeito de qualquer forma, mas que nos aproxima de algo maior. Não acho que exista um jeito melhor de entender o sabá do que pensar nele como o Natal (a não ser que você consiga ter mini Natais 52 vezes por ano — e como isso seria incrível!)

Primeiro, você sabia que a palavra *holiday* [feriado, em português] vem do termo em inglês arcaico *hali-dægh*, que significa "dia santo"? E qual dia é mais santo do que o sabá? Um dos Dez Mandamentos é *lembrar do sábado, para santificá-lo* (Êxodo 20:8). É, literalmente, um dia ordenado que é sagrado.

A maneira como vemos os feriados nos EUA é a essência dos dias e festivais sagrados, e é por isso que sempre acho engraçado quando uma das primeiras coisas que sai da boca das pessoas quando você começa a falar sobre o sabá é: "Mas temos mesmo que fazer isso?"

A resposta é: *claro que não!*

Mas você tem mesmo que ir à Disneylândia?

Você tem mesmo que ver *De Volta Para o Futuro*?

Tem mesmo que comer um jantar de luxo no restaurante 3 estrelas Michelin pago por outra pessoa?

Claro que não. Mas você também percebe que ninguém responde a essas perguntas com: "Argh, eu *tenho* mesmo que fazer isso?"

Você *consegue fazer* tudo isso.

São presentes. Bênçãos imensas.

E estou certo de que a maioria nunca fez essa pergunta no Natal. *Temos que celebrar o Natal este ano?*

Se meu filho estivesse me fazendo essa pergunta, perceberia que provavelmente ele não entendeu o que é o Natal, ou que fizemos um trabalho muito ruim ao explicar.

Há melhor convite do que achar que um certo feriado (sabá) é tão importante que nós, na verdade, conseguimos celebrá-lo não uma vez ao ano, mas 52?

Vamos continuar pensando sobre as similaridades entre o sábado e o Natal.

Em primeiro lugar, muitas pessoas têm o dia de folga. (Se você estiver lendo isso e já teve que trabalhar no Natal, obrigado. Você se sacrificou muito por tantos de nós e somos incrivelmente agradecidos).

Mas é um valor cultural não trabalhar no Natal. De fato, é uma daqueles dias raros em que você não espera que os outros estejam disponíveis. Muita coisa fecha. É um momento especial de desacelerar, preparar várias coisas com antecedência para que o dia possa ser especial, iniciar a celebração na noite anterior, ter tempo com a família, festejar, celebrar, descansar e se acalmar.

Como cultura, *separamos esse dia como santo.*

Mas observe como, ao diferenciá-lo como santo, não pensamos nisso em nenhuma parte do dia. Não nos prostramos em oração pelas 24 horas. Portanto, é sempre frustrante que, em dias especiais com implicações religiosas, imediatamente pensemos em tédio, fardo, dificuldades ou muita pressão.

Holy [santo, em português] significa *festa.* Basta perguntar a Jesus. Seu primeiro milagre foi em um casamento, quando transformou a água em vinho, e Ele sempre descrevia o reino como um banquete ou celebração.

Não fazemos muito trabalho no sábado (quem costuma se "ocupar" no Natal geralmente se arrepende), mas também não ficamos sem fazer nada, vendo esportes na TV o dia todo (sabemos que isso também é errado).

Da mesma forma, observamos cada um dos valores culturais listados previamente para o sabá. Nossa família pratica um sábado intencional já há mais de três anos, e posso dizer, sem dúvida, que isso nos transformou. E é o que tem nos salvado quando preciso.

Enquanto alguns gostam de dizer que observam o sábado, nós sabemos que o sábado nos observa.

Isso nos mantêm com o pé no chão, descansados, preenchidos. E também nos mantêm resistentes de uma forma contracultural. Temos ciência do ritmo hipnótico e atraente de nossa cultura, que é tão antiética ao caminho de Jesus.

O sabá está nos Dez Mandamentos, que são sobre viver dentro do bom desígnio de Deus. Não é um comando arbitrário; é, simplesmente, um fato do universo. Você não precisa obedecê-lo, mas sua vida pode não ser tão boa quanto ela foi projetada para ser. Sabá e trabalho — o ritmo do descanso é a melhor música. Você não tem que dançar. Mas, se ficar de fora, estará dizendo adeus a muitas alegrias e bênçãos. Ficar em pé em um canto da sala de braços cruzados pode parecer mais confortável ou menos vulnerável, mas também sabemos que isso não é muito marcante. Ninguém deixa uma festa pensando: *uau, estou muito feliz porque fiquei com medo de dançar a noite toda, apenas permaneci encostado na parede e olhando para o meu celular.*

Mas aqui está a parte complicada: invertemos tanto nossos valores que acreditamos que tudo correrá bem se não praticarmos o sabá! Vejo postagens no Instagram de um mentor motivacional se gabando de como ele dorme pouco. É tudo pela correria, ele diz.

#NuncaDurma

Você pode dormir quando morrer.

Gosto de dizer que, se você não dormir, você *morrerá* (se não fisicamente, com certeza emocional, relacional e espiritualmente). Honramos, idolatramos e valorizamos os viciados em trabalho. O trabalho é tudo para nós. É um dos principais lugares em que encontramos nossa identidade.

Enquanto o filósofo Descartes é famoso pelo seu "penso, logo existo", o mantra norte-americano é: "Produzo, logo existo."

Pense nos Dez Mandamentos. Eles são seguidos pela nossa cultura? Um pouco, eu acho. Implicitamente.

Se eu trair Alyssa, provavelmente perderia tudo.

Se eu matar outra pessoa, iria para a prisão.

Mas e se eu não praticar o sabá? Provavelmente teria um negócio maior, mais bens, mais dinheiro, mais valores, mais seguidores e mais para *mostrar* pelo meu trabalho.

Vivemos em um sistema manipulado que é considerado a norma em nossa cultura.

Você é recompensado, e *enormemente*, se não praticar o sabá. Mas assim como na indústria de mineração de carvão, você pode extrair muito da terra de uma forma que colha bênçãos imensuráveis (o carvão trouxe níveis de poder e energia nunca vistos antes), apenas para, cem anos depois, perceber o quanto isso arrasou a terra, esgotou seus recursos e a deixou morrer. Ganhos em curto prazo, mas com uma enorme perda líquida. E pensar que o trabalho é sua identidade ou alguma medalha de honra não é diferente.

Formando o Sabá

É claro que o Natal não é a analogia perfeita para todos. Ele pode trazer consigo uma bagagem da infância, destacar a perda de alguém próximo a você ou ser particularmente um fardo pesado para aqueles que são responsáveis pela compra do presente, o planejamento do cardápio e a pressão para tudo isso ser perfeito. Já ouvi diversas histórias de pessoas que gostariam de optar por não participar de nada.

Mesmo quando ouvimos histórias como essa, sabemos que o problema não é com o Natal. Ele vem de relacionamentos que acabaram ou de escolhas dolorosas. O problema é que, de alguma forma, começamos a vacilar. E a razão pela qual queremos desistir é exatamente por não estarmos conseguindo deixar de ser assim.

O mesmo acontece com o sábado. Tive algumas conversas com pessoas que queriam entender o fascínio disso, mas elas ficam tensas imediatamente quando sentem a pressão. *Não é apenas mais um dia para planejar e se preparar?*

De alguma forma, sim. Mas, novamente, se a sensação é sempre a mesma, podemos certamente dizer que estamos vacilando. Só porque é preciso uma preparação extra, não significa que seja um fardo.

Isso me lembra do segundo Natal que passamos com nossos filhos. Havia muitos presentes embaixo da árvore para Kinsley e Kannon, comprados por amigos e familiares. Foram necessários apenas dois minutos para que Kinsley entrasse em colapso. Esse não deveria ser um dos momentos mais alegres da infância? Estava muito claro que ela estava esgotada. Era muito para ela. (Não acho que os adultos sejam muito diferentes; nós apenas não lemos bem os sinais. Mas isso é outra conversa, para um outro dia).

Alyssa e eu olhamos um pro outro e pensamos: *bom, isso não funcionou muito bem.* Então, no ano seguinte, decidimos ser muito mais conscientes. Estabelecemos algumas normas básicas e fomos criativos ao moldar o feriado a fim de servir nossos valores, e não o contrário. Iniciamos uma política de não dar brinquedos (eles tinham o suficiente), pedindo à família e aos amigos coisas mais práticas, como pijamas ou uma experiência (um ingresso para o aquário, por exemplo). Outra coisa divertida que fizemos em um ano foi pedir para darem um livro para cada criança, mas não um qualquer — uma publicação que sua família não pudesse viver sem, com um bilhete especial na capa interna. Então, somamos os presentes — Kinsley tinha seis. E começamos a abrir um por dia, a partir de 20 de dezembro.

E adivinha só? Agora essa é uma das tradições favoritas de nossa família. É mágico. As crianças ficavam muito agradecidas pelo presente que abriam naquele dia. Elas tinham mais tempo para experimentá-lo, desfrutá-lo, usá-lo, nos mostrar e, no geral, ficavam mais felizes e satisfeitas. Em vez de se esgotarem, vimos isso criar um sentimento de gratidão nas crianças. É muito mais significativo.

Por que estou lhe contando essa história? Imagine se Alyssa e eu tivéssemos olhado um para o outro no primeiro Natal e dito: "Isso é terrível. Vamos cancelar o Natal."

Isso seria ridículo. O problema não era o Natal, mas a situação e como estávamos lidando com isso. A questão era nossa liberdade de sentimento para criar um dia todo exatamente como queríamos, tirando dele mais vida e alegria.

Então fizemos mudanças. E todo Natal fazemos mais. Como podemos concentrar esse feriado em conceder em vez de consumir? Como passamos o mês todo nos lembrando da bela expectativa de nosso Rei Jesus? Quais são alguns dos rituais divertidos que podemos construir ou criar com as crianças?

Isso é o sabá.

Você não cancela o sábado porque tentou fazer um dia perfeito uma vez, com muito esforço, e o resultado foi terrível. Você apenas segue em frente e percebe que era provavelmente muita pressão, estava doente ou teve um dia ruim antes (tudo isso é normal), e continua melhorando isso.

Mas é aqui onde acho que o sabá é melhor do que a analogia do Natal.

Com o descanso semanal, você ganha 52 tentativas por ano. E no ano seguinte? A mesma coisa.

De novo. De novo. E de novo.

E, como em qualquer ritmo, você não recomeça. Todas as pequenas coisas se desenvolvem por cima das outras.

É por isso que talvez haja algumas tradições natalinas incríveis na sua família — como levar saquinhos de presente ao corpo de bombeiros na manhã de Natal ou, ainda de pijama, ver as luzes pela vizinhança. Essas tradições são mágicas não apenas porque você as fez uma vez, mas porque aconteceram repetidamente, acumulando-se como uma enorme montanha de memórias.

São juros compostos. Você está jogando em longo prazo. Você não fica rico com juros compostos se depositar R$5 hoje. O enriquecimento vem do depósito de R$5 toda semana, durante 80 anos.

Imagine a riqueza, profundidade, significado e memórias acumuladas em um dia tão incrível se você tiver 52 repetições por ano.

E imagine quanta pressão a tirar dos seus ombros, porque você sempre tem a próxima semana. E a seguinte. E a seguinte.

Alguns de nossos amigos e mentores próximos observam e praticam o sabá há 17 anos! Você consegue imaginar como uma vida deve ser bem fundamentada para festejar, descansar, parar e celebrar a cada sete dias, por 17 anos?

Pare de tentar ser perfeito. Comece fazendo repetições em vez de procurar a perfeição. E adivinha só? Ao buscar as repetições, aí sim você ficará mais perto da perfeição (ou, de qualquer forma, de uma melhor qualidade).

O professor Jerry Uelsmann aprendeu isso ao conduzir um pequeno e divertido experimento com seus alunos de fotografia analógica na Universidade da Flórida. No primeiro dia de aula, ele dividiu a turma em dois grupos aleatórios, mas igualmente divididos. Ele então disse que um grupo seria avaliado inteiramente baseado em quantidade, e toda a nota do outro, em qualidade. Um grupo se concentraria em tirar o máximo de fotos possível e o outro seria sempre mais consciente, tirando fotos de alta qualidade. Essencialmente, um foi encarregado com a tarefa de quantidade (quanto mais fotos vocês tirarem, melhor nota vocês receberão) e outro com a de qualidade (vocês receberão a nota por sua melhor foto). Eles tinham que escolher apenas uma foto para entregar, que seria sua nota geral.

No fim do semestre, ficou claro que as melhores fotos facilmente foram tiradas pelo grupo de quantidade. Os alunos que simplesmente saíram por aí e tiraram fotos como loucos. Sem pressão. Eles experimentaram. Eles testaram. Eles aprenderam. Já o grupo de qualidade basicamente ficou parado e de picuinha sobre a ideia de uma foto perfeita em vez de apenas sair e ir tirá-las.[3]

Tire mais fotos. Faça mais repetições. E não apenas porque a vida humana tem mais a ver com o processo do que com a perfeição, mas porque nos aproximamos da perfeição em vez de apenas esperar que ela aconteça.

Isso é crucial para desenvolver uma vida de descanso. Porque é assim que a vida funciona, como uma espiral — avançando, mas sempre voltando às coisas que importam.

Precisamos praticar isso como uma disciplina, porque a maldição é forte e está aí para nos superar caso não estejamos resistindo.

Não é por acaso que a maldição aparece em trabalhos e produções fúteis e sem fim. *Faça mais tijolos* é o zumbido constante nos nossos corações, e tem sido assim desde as histórias anteriores às Escrituras. Desde a Torre de Babel, onde as pessoas queriam construir para alcançar Deus, até o capítulo de abertura do Êxodo, em que é dito que os egípcios tornavam "extenuante e amarga" a vida dos filhos de Israel, fazendo com que eles trabalhassem como escravos em "duros serviços" como "a preparação da argila" e a "fabricação de tijolos" (Êxodo 1:14).

Trabalho sem fim. O mesmo trabalho. Trabalho irracional. Trabalho árduo.

Faça mais tijolos.

O Egito era um capataz, levando os israelitas à submissão e usando-os para construir um império.

Somos muito diferentes disso?

Cansados, exaustos, exauridos e sobrecarregados, geralmente por construir o império de outra pessoa.

Alguns capítulos depois nas Escrituras, como punição pela resistência de Moisés, os filhos de Israel foram encarregados de manter o número de tijolos, mas agora sem palha. *Trabalhe mais pesado. Mas nos dê os mesmos resultados.*

Sempre me pergunto como devem ter sido aqueles primeiros momentos no deserto e no Monte Sinai, quando Deus não somente convidou seu povo para descansar, mas ordenou isso. E o fez contra o Egito, como forma de dizer: *Não sou esse tipo de capataz. Eu sou um Deus da aliança de amor, descanso e prazer.*

Mas como isso deve ter soado estranho?

Conhecendo somente a escravidão.

Conhecendo somente o trabalho exaustivo.

Somente sabendo produzir mais e mais tijolos incessantemente.

E, então, vem o comando: *Pare. Cesse. Faça uma pausa.*

Podemos facilmente romantizar e achar que isso deve ter sido bom e cheio de vida. E tenho certeza de que aconteceu pelo povo de Deus.

Mas também estou certo de que eles devem ter ficado um pouco agitados.

Feito só um pouco de barulho. Ansiosos nesse primeiro sabá, quase desejando fazer tijolos porque todos seus músculos, corações e cérebros só sabiam exercer isso.

Eu sei porque hoje em dia ainda é assim. Conosco. Em nossa família e em nossa busca pelo descanso.

Nós amamos o sábado. Nós o praticamos. Vivemos nele. Nos alegramos com ele.

E eu ainda me agito.

Normalmente, em torno das 18 horas, começo a ficar impaciente para fazer algo. Ser importante. Abrir meu celular e ver o que realmente está acontecendo. O que perdi.

Por que começo a buscar meu celular nas tardes de sábado, regularmente, depois de tê-lo desligado por um dia ou mais?

Em resumo, ele me aprisionou.

Queremos as coisas que amamos.

Quando estou longe de Alyssa, desejo estar com ela.

Não é apenas atenção, mas carinho. E é essa a verdadeira batalha do sabá. E o que o torna um dia de resistência. Quando fincamos nossa estaca no chão e dizemos: *Não sou o que faço.*

E, cara, é difícil quando tenho um prazo ou um e-mail que parece ser urgente. É difícil acreditar que isso pode esperar. Que não é tão importante. Acreditar que poderia me entregar a ele, mas arriscar uma parte da minha alma.

Porque essa é a jornada que Deus está levando a todos nós. A mesma jornada que ele guiou Seu povo no deserto. Ele os resgatou da escravidão. Trouxe-os para o deserto. Falou sensivelmente com eles. Deu a eles uma nova forma de vida — não mais como fabricantes de tijolos, mas adoradores de Yahweh (o Senhor). Não se tratava mais de fazer, mas de ser. Ou sobre atividade, mas identidade. No entanto, não vamos esquecer quantas vezes os israelitas quiseram voltar depois que Moisés os tirou da escravidão. Ainda diziam que era melhor no Egito do que com Yahweh no deserto!

Por que pensamos que somos diferentes?

Precisamos constantemente dar um passo de cada vez e aprender a dançar com nosso Criador no deserto, onde Ele fez correntes de água, shalom e descanso fluírem para nós e por meio de nós, na renovação e recuperação. Onde Ele nos ensina a ser um novo povo. Onde Ele nos dá uma nova forma de vida.

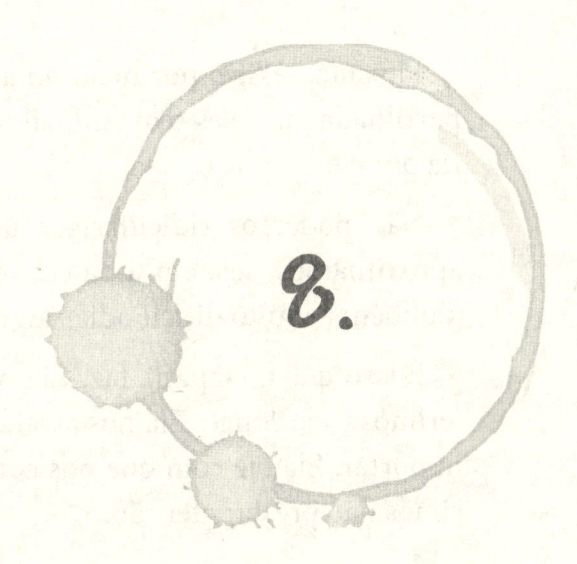

8.

EMPATIA

Daryl Davis é um músico de blues. E ele é negro.

Isso importa porque seu "hobby", como ele chama, é procurar ativamente supremacistas brancos, incluindo atuais e antigos membros da Ku Klux Klan. Durante três décadas viajando como músico, ele diz que, "acidentalmente", convenceu cerca de 200 deles a abandonar completamente a Ku Klux Klan e a não ser mais racistas.

Ele disse que não pretende converter ninguém, discutir quaisquer argumentos ou mesmo falar muito. Ele simplesmente ouve, cria empatia e faz apenas uma pergunta.

Como você pode me odiar quando nem me conhece?

Ele então exige, por meio do amor e de uma mesa compartilhada, que eles o olhem, olho no olho, e tenham empatia por ele.

Não podemos ridicularizar uma pessoa de quem nos aproximamos, seja em uma conversa ou na mesa de jantar. Também é muito difícil odiar alguém assim.

É isso que a empatia faz. Ela nos aproxima quando preferimos estar longe. Ela nos atrai quando não queremos nos importar. Ela faz com que nos concentremos quando preferimos não prestar atenção.

É o que nos move como seres humanos — contar histórias. Entender e ouvir as histórias dos outros.

Agora, isso não quer dizer que o ponto de vista de todos seja válido ou digno. Na verdade, acontece justamente o contrário, e de muitas formas. Daryl não foi obrigado a entrar na vida de tantos membros da Ku Klux Klan. Mas ele decidiu entrar. Por amor.

Não somos forçados. A partir do minuto em que somos, não é mais amor.

Mas Daryl estava disposto a isso. E isso é uma habilidade ou superpoder que todos precisamos recuperar, porque a internet quer nos separar ainda mais. Portanto, precisamos do que nos aproxima — a empatia.

Construindo uma Sociedade

Algumas décadas antes da Revolução Americana, uma tendência peculiar começou a aparecer entre muitos americanos. A promessa do Oeste durante aquela época era a de que as pessoas estavam vivendo a história. *É assim* que a humanidade, o governo e a comunidade deveriam ser estruturados, porque isso é muito superior a qualquer outra coisa. O sentimento predominante era de orgulho em finalmente atingir o auge do que tínhamos trabalhado há milhares de anos: a civilização. Melhor, impossível.

Entretanto, algo estranho começou a acontecer. As pessoas que estavam fora dessa cultura (ou seja, os nativos norte-americanos) não achavam o modo norte-americano do Oeste tão atraente, e a população das cidades começou a se envolver com a vida nativa norte-americana.

Benjamin Franklin percebeu isso, que o motivou a escrever o seguinte a um amigo, ainda em 1753: "Mesmo quando uma criança indígena foi criada entre nós, aprendendo a língua e se habituando aos nossos costumes, caso ela passe um tempo com seus parentes indígenas, não há como convencê-la a voltar."[1]

Aparentemente, nativos norte-americanos não achavam a cultura do Oeste tão impressionante como afirmávamos. Ela tinha sido fundada na promessa de que esse momento era o auge de toda a história e estava nos levando para uma nova era, mas os forasteiros sempre diziam: *Não, estou bem*.

Franklin também notou o problema contrário: "Aqueles resgatados por seus amigos e tratados com toda a ternura possível para que prevalecesse neles a vontade de permanecer entre os ingleses logo ficam enojados com nosso modo de vida, aproveitando a primeira boa oportunidade para escapar de novo às florestas."[2]

Os ingleses literalmente seriam capturados pelos nativos norte-americanos e, se algum dia fossem salvos ou resgatados de volta à sociedade, o padrão perceptível era odiarem e sentirem nojo da vida ocidental. Eles queriam voltar à vida tribal.

E não estamos apenas falando da síndrome de Estocolmo. Crianças não queriam retornar para as suas famílias originais. Adultos desejavam ficar após serem capturados. Alguns homens nunca foram capturados, mas simplesmente seguiam em direção às árvores e desistiam do Oeste, para nunca voltar para casa. Como disse Sebastian Junger no seu brilhante livro *Tribe* [Tribo, em tradução livre]: "A fronteira estava cheia de homens que se juntavam às tribos indígenas, casavam-se com mulheres indígenas e viviam suas vidas completamente fora da civilização ocidental."[3]

O que você faz quando está construindo uma sociedade maior do que qualquer coisa já vista no mundo e há pessoas que não querem isso? Você realmente pode dizer que é tão maravilhoso assim?

Junger observa que a relutância dos grupos de homens brancos em deixar as tribos, mesmo quando libertados, "despertou estranhas questões sobre a superioridade da sociedade ocidental".[4] Essa é uma acusação bem clara. Se essa nova democracia, esse mundo ocidental, e essa visão de mundo, são as melhores coisas desde a invenção do pão de forma, por que tantos rejeitam isso?

Embora possamos encontrar milhares de exemplos disso acontecendo na história, parecia que nenhum nativo norte--americano sequer queria seguir na civilização ocidental.[5]

Isso é porque fomos criados para ficar em tribos. Não importa o quanto nós tentamos escapar delas, as achamos em algum lugar — seja de forma pouco digna ou autêntica.

Mas, no Ocidente, o eu individualizado é o objetivo mais alto da nossa sociedade.

E o que normalmente atrapalha a realização total do eu?

Outras pessoas.

Outros grupos.

Outras tribos.

Então nós os jogamos fora.

Desapegamos das nossas vizinhanças. Nos mudamos frequentemente, sem estabelecer raízes ou conversar com a pessoa que vive a 15m de distância.

Desapegamos dos nossos trabalhos. Encontre alguém da geração millennial que realmente ache uma boa ideia ter o mesmo emprego por 40 anos, trabalhando ao lado das mesmas pessoas.

Desapegamos da religião. Porque quem precisa de noções antigas de significado e sustentação em nosso Criador que é cheio de amor e graça? Que ideia mais ultrapassada, certo? Prefiro ser "livre" e dar minha lealdade para algo muito mais trivial e implacável, como a busca por prazer ou a identidade no meu local de trabalho.

E, em vez disso, o que fazemos?

Começamos a tentar encontrar pessoas que se pareçam conosco, conversem como nós, se vistam como nós, ajam como nós e acreditem no que acreditamos.

Eis o problema: vivemos em uma sociedade em que, pela primeira vez, podemos alcançar isso plenamente. Não há nenhum impedimento.

Você é uma pessoa branca liberal e progressista? Bem, saia de Oklahoma City e se mude para Seattle. E se você é essa pessoa com um pouco mais de coragem? Mude-se para Portland.

Você gosta de armas e da bandeira americana? Mude-se para o Texas.

Você acha que republicanos são tudo de errado no mundo e um mal a ser eliminado, então que tal seguir somente as vozes democratas no Twitter, Facebook e Instagram?

Em suma, nos odiamos e queremos mais de nós mesmos. Então nos reunimos, nos movemos em direção a ou seguimos online pessoas que são como nós — algo que de uma forma estranha é, na verdade, apenas venerar a nós mesmos. Acreditamos que somos Deus e somente queremos ser cercados pelos outros criados à nossa imagem.

Antes da internet e do desapego das comunidades, trabalhos e religião, poderíamos ter tido certas opiniões, mas não escapar das pessoas de que não gostávamos ou com quem discordávamos. Elas eram nossos gerentes no trabalho. Nossos amigos na igreja. Nossos vizinhos.

Mas, se recuamos para nossas bolhas, precisamos perceber que isso está nos matando. Por mais que a intenção seja escapar das tribos, criamos nada além de um vácuo em que a vida não é tão sustentável, rica ou significativa.

Deixamos as tribos que realmente nos custaram alguma coisa. Em vez de nos apegarmos, encontramos falsas tribos que nos dão uma bênção sem o trabalho pesado ou a responsabilidade que costumava ser necessária para chegar lá.

O Assassino da Empatia

Gosto de chamar o Facebook de *Empathy Killing Machine* [Máquina de Assassinar Empatia, em tradução livre], ou EKM (MAE) para abreviar, por toda a desumanização que acontece lá. É uma mistura perfeita de dessensibilização e sobrecarga de informação. Posso ver uma postagem sobre as horríveis atrocidades acontecendo a crianças e adultos na Síria agora e, depois, a de um estranho filme plástico para o corpo que meu amigo está vendendo.

É chocante, para dizer o mínimo.

Ao mesmo tempo, é um exercício de distração. Isso desperta a falsa empatia de uma forma que nos faz sentir satisfeitos. Quero dizer, quantos vídeos de cachorros encontrando seus donos após uma enchente, fuzileiros navais surpreendendo seus filhos ou carros novos em folha sendo dados a pessoas que não podem pagar por isso nós precisamos ver antes de percebermos que podemos estar desperdiçando nossa emoção em momentos na internet em vez de onde realmente é necessário?

Não é apenas dessensibilizante; é também desumanizante.

Toda a nossa essência está resumida em uma pequena foto de perfil pixelada. Gostamos apenas das coisas que queremos curtir e selecionamos o que queremos ver — criando e fortalecendo nossa habilidade de nunca ter de ver coisas que não desejamos ou sobre as quais discordamos.

E quando vemos coisas de que não gostamos?

Partimos para o ataque.

Se publico algo sobre uma parceria com uma organização sem fins lucrativos para ajudar crianças de países subdesenvolvidos a terem acesso a água limpa, uma boa educação e assistência médica adequada, adivinha só? Silêncio total. Nada de comentários ou curtidas.

Mas se posto sobre como nossa cultura atual vê as crianças como agentes de consumo e esgotamento sendo que isso sequer acontecia há cem anos, então a publicação estoura — mesmo se escrita de forma carinhosa e gentil. As pessoas respondem com um tom ofendido: *"Ei, segura a onda!"*

Por que isso?

Talvez porque ninguém se sensibilize com crianças no exterior. Mas e se alguém falar sobre nossas próprias crianças? E se a postagem de alguém der às pessoas algo a considerar sobre sua própria família, algo que seja empiricamente óbvio e pesquisável? As pessoas se sensibilizam profundamente com essa questão.

Mas aqui está a coisa mais traiçoeira e prejudicial que acontece sem que percebamos: o próprio modelo usado por empresas de tecnologia para medir onde gastamos nosso tempo é tóxico. Ele é construído sob a premissa de promover apenas postagens que recebam *fortes reações*. O Facebook não se importa se essas postagens incluem informações incorretas, ou conteúdo errado ou ofensivo. O Facebook apenas se importa se elas recebem uma resposta intensa ou emocional.

Somos presas das corporações que às vezes entendem nosso organismo e criação mais do que as igrejas.

Somos criaturas de histórias. Seres emocionais. Ficamos emocionados com o que *sentimos,* gostando ou não.

E esse impulso começou a ser usado deliberadamente para que algumas poucas empresas ganhassem trilhões de dólares.

Uma reação emocional nossa representa engajamento. E engajamento significa olhares e atenção. E olhares e atenção são a moeda do mundo.

Mas ao deixar que nossos olhos sejam atraídos, estamos desistindo de nossa empatia ao mesmo tempo. Estamos mudando e algo está nos mudando.

E essa é a questão sem precedentes sobre nossa cultura hoje que tem de ser levada em conta.

Tudo que você lê e vê online é selecionado a partir de um algoritmo baseado em exatamente o que você quer ver, não no que outra pessoa vê. Isso porque você vê diferentes notícias no Facebook do que seu amigo. Ou acessa seu aplicativo de notícias e vê uma página principal diferente da dos seus pais.

Há pouco tempo, o jornal era a principal fonte de notícias, entregue na porta da maioria das pessoas todos os dias. Imagine acordar de manhã, pegar seu café, ir para a varanda e encontrar um jornal, mas diferente daquele recebido pelo seu vizinho ao lado. E imagine que esses são diferentes em relação ao jornal da pessoa que mora do outro lado da rua. Imagine, um quarteirão depois, que outro vizinho pegou um jornal que parece diretamente contradizer todas as notícias que você leu naquela manhã.

É assim que a informação e as notícias funcionam na nossa era da internet.

É uma fórmula muito simples: como nossos olhos valem dinheiro, os mecanismos de busca da internet querem criar produtos e serviços que prendam nossa atenção. E, para nos manter lá por mais tempo, eles nos dão o que queremos ver. Temos computadores sofisticados o suficiente para proporcionar exatamente isso para todas as pessoas no planeta.

Vivemos em uma cultura repleta de escolhas, preferências, vontades e desejos. Queremos o que queremos, exatamente como queremos e quando queremos.

Não precisamos nos submeter às notícias reais. Podemos simplesmente buscar as "notícias" que queremos.

Isso piora a situação, pois nos separa em pequenas tribos, para depois gritarmos online uns com os outros.

Como não estamos envolvidos com pessoas reais, mas com tecnologia, não precisamos discordar de forma ponderada e para manter um relacionamento. Já que as relações não importam, a discordância pode ser tóxica, cruel e rude.

Está claro: estamos vivendo uma cultura em que todos querem vencer a qualquer custo, que é praticamente o oposto da empatia.

Nós Contra Eles

Em 1947, a primeira câmera de televisão foi colocada na assembleia da Câmara do Congresso dos Estados Unidos. Em 1979, os primeiros procedimentos televisionados foram mostrados nos canais C-SPAN e PBS. Foi a primeira vez na história que as pessoas podiam assistir o que estava realmente acontecendo no Congresso com os seus próprios olhos, nas suas próprias TVs.

Esses procedimentos televisionados aconteciam sem muito alarde. Os congressistas não davam muita atenção.

A exceção era Newt Gingrich, um congressista recém-eleito e desconhecido que viu isso de forma diferente. Ele começou a invocar uma ordem especial — uma "regra no Congresso que no fim do expediente e em qualquer dia, qualquer membro pode pedir a palavra por qualquer razão que queira por praticamente qualquer quantidade de tempo que deseje".[6] Então, ele começou a reivindicar esses pedidos especiais às 22h ou 23h, quando literalmente ninguém mais estava na sala.

Todos os outros membros da Câmara estavam em casa. Dormindo. Trabalhando até tarde. Bebendo com os amigos.

Mas Gingrich não estava falando para os membros da casa. Ele estava falando para os Estados Unidos.

Antes disso, a Câmara era tomada por material extremamente tedioso, chato e superficial. *Congressistas, vocês poderiam direcionar sua atenção para o gráfico A, que mostra a correlação entre subsídios agrícolas e as implicações para nosso orçamento?*

Gingrich, no entanto, começou a falar com os EUA — não sobre gráficos, mas sobre política, raiva, frustração e corrupção do Partido Democrata. Era um programa político noturno antes de inventarem esse segmento.

Era nós contra eles.

E funcionou de várias formas. Gingrich (não por ele mesmo, mas certamente por causa da sua visão e retórica) foi capaz de fazer acusações éticas sobre o presidente anterior da Câmara (ele se aposentou), recuperar o controle da Câmara pelos republicanos após mais de duas décadas com os democratas no poder e, mais tarde, se tornar ele mesmo o presidente da Câmara dos Representantes. Ele iniciou um golpe e atingiu seus objetivos.

Ele conseguiu isso estimulando a emoção, não a razão. Cedendo ao medo, não ao amor. Ao não trabalhar com o outro lado, mas garantir que todos soubessem que, para ganhar, era preciso odiar o outro lado.[7]

E foi assim que chegamos ao nosso clima político atual. Onde não há necessidade de ser legal ou ficar tímido porque é uma guerra total.

Veja o famoso ensaísta esquerdista Frank Rich e seu artigo na *New York Magazine* chamado *No Sympathy for the Hillbilly* [Nenhuma Simpatia para com os Caipiras, em tradução livre]. É basicamente um argumento contra ser simpático, gentil ou empático e dizer que, se você está com raiva das pessoas que votaram em Trump, apegue-se a essa raiva e "transforme-a em uma arma".

Trata-se de uma clássica demonstração de nós contra eles, dizendo-nos basicamente que: "Nunca chegaremos aonde queremos até eliminarmos — ou pelo menos derrotarmos — aqueles de quem não gostamos."

A cada ano que passa, pedimos que a política carregue ainda mais nossa identidade principal.

Estamos pedindo para criar mais significado.

Pedindo para nos dar uma sensação de pertencimento.

Estamos pedindo mais retorno no investimento, mas estamos fazendo um jogo às avessas. Como Andrew Sullivan tão brilhantemente observou, estamos pedindo demais da política. Somos criados por tribos, mas nenhum de nós percebe que queremos que a política preencha esse vazio.

> Democracias modernas bem-sucedidas não abolem este sentimento: elas os cooptam. O tribalismo saudável sobrevive na sociedade civil de formas benignas e sobrepostas. Encontramos um sentimento de pertencimento, de orgulho incondicional em nossa vizinhança e comunidade; em nossas identidades éticas e sociais e seus rituais; entre nossos colegas entusiastas. Existem tribos de hip-hop e de música country; os "manos"; nerds; socialites;

fãs do Dead Heads e do Packers; grupos do Facebook. (Sim, a tecnologia derruba algumas tribos e ativa novas). E, então, muito criticamente, existe a tribo do Excesso que constitui o estado-nação, uma megatribo que reúne um país em torno de rituais nacionais, símbolos, música, história, mitologia e eventos compartilhados que formam a unidade central de pertencimento que possibilita uma democracia nacional.

Nada disso é um problema. O tribalismo somente desestabiliza uma democracia quando se calcifica em algo maior e mais intenso do que nossas lealdades menores e múltiplas; quando rivaliza com o nosso apego à nação como um todo; e quando transforma tribos rivais em inimigas. E o fato mais significativo sobre o tribalismo norte-americano hoje é que todas essas três características agora se aplicam aos nossos partidos políticos, corrompendo e até ameaçando nosso sistema de governo.[8]

Isso prolifera em direção ao tribalismo exagerado e a efeitos sociais incomensuráveis e catastróficos. Precisamos ser o povo de Deus que dá um testemunho profético para a nossa cultura, uma alternativa para as pessoas que simplesmente surgem na seção de comentários da postagem de sua tia para dar opiniões maliciosas, sarcásticas, rudes, críticas, indiferentes e sem compaixão — coisas que vejo cristãos fazerem todos os dias na internet, que são francamente impróprias vindas de nós como povo de Deus. Sabemos que, quando Jesus disse em Mateus 12:36 que prestaremos contas por tudo o que dissermos, ele também quis dizer o que nós digitamos e postamos na internet, certo?

Mas, como bebemos o mesmo veneno, tudo o que podemos oferecer é o mesmo tipo de comunicação tóxica.

O Que Queremos Dizer

A maneira como a maioria das pessoas se comunica online hoje em dia é tóxica e desumana. Honestamente, ela está matando muitos de nós de dentro para fora. E acho que há uma pergunta que pode realmente nos salvar agora. Ela é muito simples, mas muda tudo. Ou pelo menos funcionou para mim ao longo dos anos.

Você está pronto para ela?

É algo realmente transformador, então preste atenção.

Antes de enlouquecer e partir ao ataque, pergunte:

"Bem, o que você quer dizer com isso?"

É triste dizer isso, mas plataformas online são claramente configuradas para recompensar publicações mais afiadas e polarizadas. Então, como seguidores de Jesus, precisamos assumir que há uma tensão no ar e dar às pessoas a mais digna interpretação de suas palavras. Talvez eu faça isso porque me senti muito envergonhado e magoado por conta de um vídeo que publiquei 7 anos atrás, em que 90% das críticas muito intensas que recebi sequer precisariam ser escritas se as pessoas tivessem perguntado primeiro: "Ei, Jeff, o que você quer dizer com 'religião'?"

Por exemplo, quando alguém me pergunta se sou feminista, gosto de responder: "O que você quer dizer com isso?" Porque a resposta, na verdade, é um difícil sim ou não, dependendo do que disserem. Ou, se alguém me questionar se sou político, digo: "O que você quer dizer com isso?" Se eles disserem dar total lealdade para um partido político no limite da idolatria, a resposta é não. Mas, se eles disserem e entenderem que ser cristão é inerentemente político, porque Jesus é Rei e se importa profundamente com a cidade (a atual definição da política vem da palavra grega *polis*, que significa "da cidade"), e todos os poderes terrestres devem se submeter a Ele, e que Ele mexe profundamente com as estruturas de poder das pessoas, motivo pelo qual foi crucificado, então a resposta é sim.

Tentar entender um ao outro deveria ser normal, mas, infelizmente, está se tornando quase um superpoder em nossa cultura a habilidade de realmente compreender o ponto de vista de alguém e conseguir entendê-lo primeiro antes de responder. Em vez disso, a cultura da internet recompensa milhões de vezes o argumento chamado falácia do espantalho (em que a pessoa ignora a posição do outro e a substitui por uma versão distorcida). Porém, como seguidores de Jesus, temos realmente que controlar a forma como nos comunicamos com os outros porque, francamente, estamos nos matando por conta isso.

Então, por que o tribalismo é tão atraente?

Acho que a resposta é muito simples.

Ele é fácil e não exige muito trabalho.

Frenesi do Medo

Você provavelmente já ouviu dizer que falar em público é um dos maiores medos da nossa sociedade. E isso não é resultado de pesquisas aleatórias. Na verdade, surgiu na Universidade Chapman e sua hoje famosa *Survey of American Fears* [Pesquisa dos Medos Americanos, em tradução livre], que começou em 2014.

Entre alguns dos temores apontados no ano inicial da pesquisa estavam andar sozinho à noite, roubo de identidade e ser vítima de um tiroteio em massa.

Mas esses não são mais os maiores medos das pessoas. É fascinante como eles mudaram drasticamente em apenas alguns anos.

Por dois anos seguidos, sabe qual foi o líder no ranking de medo entre os norte-americanos que participaram do estudo?

Um total de 74% dos entrevistados disse ter medo, ou muito medo, de funcionários públicos corruptos.[9]

De fato, o top 3 dos medos para 2017 foi formado pelos funcionários públicos corruptos, preocupações com assistência médica e poluição do meio ambiente (e o top 10 incluiu os EUA sendo envolvidos em outra guerra, a Coreia do Norte e outro colapso financeiro).

Todos são temas altamente políticos e centralizados na imprensa.

O professor responsável pela pesquisa observou: "Estamos começando a ver que pessoas tendem a ter medo do que elas veem na imprensa. Muitos dos medos do top 10 este ano podem ser diretamente correlacionados às principais histórias divulgadas pela imprensa ano passado."[10]

Ou seja, as notícias que vemos e ouvimos estão nos levando a um frenesi, espalhando as chamas do medo. Qual será o tamanho do fogo antes de consumir a todos nós?

Não me surpreende que a política tenha se tornado tão desagregadora e irritante; nossos maiores medos coletivos estão envolvidos nela. O medo é o maior motivador que existe. É o que nos move. É o combustível dos nossos corações e mentes.

Sempre acho convincente que o apóstolo João, em sua famosa sessão sobre amor no Novo Testamento, nunca mencionou o ódio. Se nos perguntassem qual a reação automática contrária ao amor, o que quase todos nós diríamos?

Ódio.

Mas isso está errado. O medo é o que estimula o surgimento e crescimento do ódio.

Ele é um motivador mais profundo e muito mais traiçoeiro.

E quase toda atrocidade cometida no século XX — do holocausto ao genocídio de Ruanda — tem como origem um medo guardado lá no fundo, que foi alimentado pelo ódio.

Temos medo *do outro*.

Não importa o que o outro seja para você. Branco. Negro. Republicano. Democrata. Sunita. Xiita. Judeu. Alemão. Cristão. Ateu.

Mas temos que mergulhar de cabeça primeiro nessa parte escura e lamacenta do nosso coração. Não escondê-la. Nem evitá-la. E, muito menos, fugir dela.

O que há lá no fundo?

Do que estamos realmente com medo?

Que alguém vai tirar algo de nós?

Que vamos perder alguma coisa?

Como cristão, penso em nosso clima atual, em que vários líderes evangélicos mostram lealdade e idolatria cega, rendendo-se ao império de Trump e ao poder político.

Mas é poder político o que realmente queremos?

Especialmente como seguidores de Jesus, precisamos nos perguntar o que queremos e do que temos medo.

Porque aí vai o que eu acho que nos distingue dos outros: não temos absolutamente nada a temer. Nem mesmo a própria morte.[11] *O que o mundo ou os outros podem fazer conosco?* E essa é a razão pela qual, *na verdade, seguir o caminho de Jesus* é tão crítico em comparação a apenas extrair verdades cristãs para adaptá-las às nossas vidas.

Se considerarmos como Jesus realmente andou e olharmos para seu caráter ao longo de sua vida, encontraremos alguém que não tinha medo de nada ou ninguém. Isso impediu reações instintivas. Impediu que Ele pegasse uma espada e destruísse Roma.

E isso tornou possível que a empatia irradiasse do seu próprio ser. Porque havia, na verdade, espaço para isso. Não havia nada a temer. Ele recebera toda a autoridade no Céu e na Terra. Ele tinha legiões de anjos à sua disposição. Tinha representação e autoridade divina nele mesmo.

E, no entanto, Ele *escolheu de bom grado morrer pelos outros — ou seja, seus inimigos.*

E isso mudou o mundo.

O interessante é que se Jesus tivesse, na verdade, levantado a espada e tentado competir pelo poder ou fazer justiça com as próprias mãos, não haveria cristianismo nenhum. Poderia ter sido fogo de palha. Mas, com certeza, não seria um movimento que virou o mundo de cabeça para baixo.

Somente o amor pode fazer isso. Amor sacrificial, sangrento, ao inimigo.

Um partido político não é nosso inimigo. Uma certa política não é nossa inimiga. Alguém com experiência, cor da pele ou modo de vida diferente da nossa não é nosso inimigo.

O pecado é o inimigo.

E há somente uma coisa que tem o poder de acabar com o gigante que é o pecado.

É a pessoa e o pedaço de madeira levantados fora da cidade 2 mil anos atrás.

Morrendo pelos inimigos.

Não se apegando a nada.

Isso quebra ciclos. Correntes. E poderes.

Se você for um seguidor de Jesus e estiver lendo isso, pergunte a si mesmo: Por que você tem medo? Olhe para onde você fica com mais raiva ou irritado, e aposto que encontrará seu maior medo. Como seria deixar de lado seus medos, ódio e armas e, em vez disso, receber amor do seu inimigo? A empatia não é como algum valor do século XXI que é fácil, e sim a base do amor ao inimigo praticada com muito esforço. No pior momento de Jesus, não foi por acaso que a empatia apareceu.

"Pai, perdoa-lhes, pois não sabem o que estão fazendo" (Lucas 23:34).

Esse é o nosso testemunho singular como seguidores de Jesus. Que não temos medo de nada e não temos nada a perder, porque nosso verdadeiro Rei olhou a morte nos olhos e a derrotou. A morte perdeu seu aguilhão.

E assim nos tornamos parte de uma tradição que mostra esse testemunho singular de amor ao inimigo há milhares de anos — de Policarpo, o famoso líder da igreja que em 155 d.C. preparou um jantar aos soldados que vinham prendê-lo e executá-lo por causa de sua fé, até Martin Luther King Jr. e sua prisão, espancamentos e eventual assassinato por marchar ano após ano sob a bandeira do amor ao inimigo.

E aqui está o que percebi sobre isso em meu próprio coração.

A diferença entre medo e amor ao inimigo é uma diferença de frenesi e paz.

O medo é frenético.

O medo chega a uma velocidade que o amor não chega.[12]

O medo é rápido. O medo é frenético. O medo é distraído.

Mas e o amor?

Ele anda a 5km/h. É sério. É a velocidade média de alguém que está caminhando propositalmente, porém de forma graciosa.

E, por alguma razão, vejo Jesus caminhando nessa velocidade também. A velocidade certa para levá-lo a algum lugar intencionalmente. Mas também a velocidade certa para ser perfeitamente interrompido se necessário.

Você já reparou como muitos dos milagres de Jesus não foram parte do plano d'Ele? Eles aconteceram *no Seu caminho para outro lugar.*

Você precisa seguir um ritmo que possa ser interrompido. Pode ser para responder ao momento à sua frente.

E, quando você estiver seguindo um ritmo em harmonia com o do Nosso Senhor, não fique surpreso se a empatia e o amor ao inimigo aparecerem.

Porque você não pode amar alguém quando está na correria. E você não pode amar alguém quando estiver indo rápido. (Pergunte aos meus filhos se estou amando-os bem tentando sair em dois segundos, quando estamos atrasados.)

Mas quando você diz não à correria?

Você pode ser parado. Você pode andar no momento sagrado da graça. Jesus fez isso.

Ele sentiu a dor de outras pessoas. Se colocou no lugar delas. Entendeu sua dor. Ele esperou e não passou rápido.

Ele amou.

ENCERRAMENTO

QUAL É O CAMINHO DEPOIS DAQUI?

Acho que podemos aprender muito com a palavra *venusto*, que caiu em desuso.

Você provavelmente nunca ouviu falar desse termo (que significa "pessoa com uma fisionomia bonita"). A propósito, disse a Alyssa que essa deveria ser a única forma de me descrever de agora em diante. A palavra se tornou obsoleta e não é mais falada no cotidiano.

Mas qual a importância disso?

Porque acho que a palavra *fidelidade* também está indo pelo mesmo caminho de cair em desuso, como *venusto*.

Daqui a cem anos, quando alguém falar *fidelidade*, uns darão risada e outros dirão: "O que é isso?"

Não nos importamos mais com essa palavra, sua prática ou seu valor. Mas, se esse livro servir para alguma coisa, que seja para representar um grande apelo para recuperá-la. Não há antídoto maior para o veneno da correria do que mergulhar profundamente no que significa *fidelidade*.

A correria não nos dará o que realmente queremos. Uma fidelidade calma, constante, calculada e consistente é um dom. É o que todos estamos procurando. É hora de pararmos de sentir tanto medo disso.

Ser fiel ao seu emprego e fazer o mesmo trabalho por 50 anos com alegria? Não, prefiro mudar de tempos em tempos, especialmente se houver algum conflito no local de trabalho, e colocar a culpa em outra pessoa.

Ser fiel a um casamento? Não, obrigado. Se as coisas ficarem difíceis, vou terminá-lo e seguir em frente. Minha felicidade individual é mais importante.

Ser fiel a uma cidade ou local? Tudo bem. Prefiro não conhecer uma determinada vizinhança por muito tempo. Vou me mudar exatamente quando começar a me sentir vulnerável, ou sentir que virou algo rotineiro. E quando o local em que vivo parar de render belas fotos no Instagram? É simples, vou me mudar para a vizinhança ou cidade que me garantir isso. (De longe, norte-americanos se mudam mais durante a vida do que qualquer pessoa em outros países. Ser uma pessoa transiente não é apenas um comportamento; é um valor real extremamente respeitado.[1])

Acho que odiamos tanto a fidelidade porque, na sua origem, ela representa a obscuridade e a mediocridade, que são a maior maldição cultural que temos hoje.

Há um certo paradoxo em fazer mudanças e escolhas que parecem não ter benefícios óbvios.

Será desconfortável resistir aos avanços tecnológicos.

Repensar como nos comunicamos.

Questionar o barulho ao nosso redor.

Não se apresse para se dar bem, mas descanse para ser humano.

Quanto mais crio raízes em um lugar, em um trabalho, em uma repetição rotineira da minha vida com amor, mais encontro alegria brotando por todo lugar. Sem mencionar como a pressão diminui. Existe razão maior para a nossa ansiedade cultural do que a tensão para ter uma carreira próspera, nossas metas todas definidas e atingidas, uma vida eficiente, uma casa boa, dinheiro e significado aos 19 anos?

E qual é meu objetivo real na vida? O que estou tentando fazer aqui?

Manter minha cabeça baixa. Amar aqueles à minha frente e ao meu redor. Honrar o processo e o presente. E ficar cara a cara com meu Pai quando morrer e ouvir: *Bom trabalho, meu fiel e bom servo!*

Nada de *ótimo, meu ocupado e apressado servo.*

Muito bem.

Fiel.

Se quisermos chegar lá, temos que resistir ativamente às inúmeras vozes e influências que sutilmente nos hipnotizam para um estilo de vida mais ocupado, barulhento e apressado.

Em vez disso, diga: *Não, esse não é o caminho de Jesus.*

Essa não é a velocidade de Jesus.

Essa não é a cadência de Jesus.

Para o inferno com a correria.

Em vez disso, eu escolherei a Ele.

NOTAS

Um Tempo para Resistir

1. Uma nota rápida sobre a palavra *correria*. Quando digo a palavra *correria* neste livro, não quero dizer *correria* no sentido de trabalhar duro, diligentemente e com foco (ou seja, seu técnico dizendo para você ir atrás da bola, o que é uma coisa boa!). Quero dizer *correria* como ela tem sido adaptada culturalmente para significar em nosso glossário para conversas online: uma *mentalidade* de fazer mais, "ralar" mais, ser mais, realizar mais, #nuncadormir e tudo que a palavra tende a nos dizer para fazer agora.

2. Citado em Derek Thompson, "Workism Is Making Asmerican Miserable" *Atlantic*, 24 de fevereiro de 2019, https://www.theatlantic.com/ideas/archive/2019/02/religion-workism-making-americans-miserable/583441/.

3. Thompson, "Workism", *Atlantic*. Esse artigo é muito útil em rastrear esse problema e fenômeno dos últimos cem anos. Já estava conversando sobre muitas dessas ideias e pensando nelas quando me deparei com o artigo de Thompson durante a primeira rodada de edições deste livro. O artigo vale uma leitura e inspirou boa parte desta introdução.

4. Amy Adkins e Brandon Rigoni, "Paycheck or Purpose: What Drives Millennials", *Gallup*, 1 de junho de 2016, https://www.gallup.com/workplace/236453/paycheck-purpose-drives -millennials. aspx.

5. Citado em Thompson, "Workism", *Atlantic*.

6. Citado em Thompson, "Workism", *Atlantic*.

7. Anne Helen Petersen, "How Millennials Became the Burnout Generation", *BuzzFeed News*, 5 de janeiro de 2019, https://www. buzzfeednews.com/article/annehelenpetersen/millennials-burnout-generation-debt-work.

8. Citado em Thompson, "Workism", *Atlantic*.

9. Ryan Pendell, "Millennials Are Burning Out", *Gallup*, 19 de julho de 2018, https://www.gallup.com/workplace/237377/millennials -burning.aspx.

10. Rhitu Chatterjee, "Americans Are a Lonely Lot, and Young People Bear the Heaviest Burden", *NPR*, 1 de maio de 2018, https://www. npr.org/sections/health-shots/2018/05/01/606588504/americans- -are-a-lonely-lot-and-young-people-bear-the-heaviest-burden.

11. Lila MacLellan, "Millennials Experience Work-Disrupting Anxiety at Twice the US Average Rate", Q *Quartz at Work*, 5 de dezembro de 2018, https://qz.com/work/1483697/millennials-experience- -work-disrupting-anxiety-at-twice-the-us-average-rate/.

12. Romanos 8.

13. Efésios 1.

Capítulo 1: Estamos Sendo Formados, Goste Disso ou Não

1. Gary Chapman, *The Five Love Languages* (Chicago: Northfield, 1992).

2. Alexis C. Madrigal, "When Did TV Watching Peak?", *Atlantic*, 30 de maio de 2018, https://www.theatlantic.com/technology/archive/2018/05/when-did-tv-watching- peak/561464/.

3. Ralph Jacobson, "2.5 Quintillion Bytes of Data Created Every Day. How Does CPG and Retail Manage it?" *IBM Industry Insights*, 24 de abril de 2013, https://www.ibm.com/blogs/insights-on-business/consumer-products/2-5-quintillion-bytes-of-data-created-every-day-how-does-cpg-retail -manage-it/.

4. Antonio Regalado, "The Data Made Me Do It", *MIT Technology Review*, 3 de maio de 2013, https://www.technology review. com/s/514346/the-data-made-me-do-it/.

5. M. G. Siegler, "Eric Schmidt: Every 2 Days we Create as Much Information as we Did up to 2003", *Tech Crunch*, 4 de agosto de 2010, https://techcrunch.com/2010/08/04 /schmidt-data/.

6. Bernard Marr, "Big Data: 20 Mind-Boggling Facts Everyone Must Read", *Forbes*, 30 de setembro de 2015, https://www.forbes .com/sites/bernardmarr/2015/09/30/big-data-20-mind-boggling-facts--everyone-must-read/#3e00abf017b1.

7. "Data Junkies in Data Junkyard", https://books.google.com/books?id=2bynDgAAQBAJ&pg=PA113&lpg=PA113&dq=data+junkies+living+in+a+data+junkyard&source=bl&otsjUxl-diD02F&sig=ACfU3U35MZ31Y8ovHZ9wF8vOCYoSuEH6dA-&hl=en&sa=X&ved=2ahUKEwjt4cHrKPiAhWDlp4KHXwBA-noQ6AEwA3oECAkQAQ#v=onepage&q=data%20junkies%20living%20in%20a%20data%20junkyard&f=false Todo o capítulo chamado Data Junkies in Data Junkyard.

8. Google Books Ngram Viewer, https://books.google.com /ngrams/graph?content=goals&year_start=1800&year_end=2000&corpus=15&smoothing=3&share=&direct_url=t1%3B%2Cgoals%3B%2Cc0.

9. Essa foi de Justin Earley. Se ainda não leu seu livro *The Common Rule*, você precisa!

10. Smith tem um livro inteiro dedicado a este assunto, de onde as citações também foram tiradas, chamado *Você é Aquilo que Ama*.

Capítulo 2: Este sempre foi o Foco

1. *Uma Mente Brilhante*, dirigido por Ron Howard (Universal Studios, 2002), DVD.

2. Gus Lubin, "There's a Staggering Conspiracy Behind the Rise of Consumer Culture", *Business Insider*, 23 de fevereiro de 2013. Essa é uma paráfrase desse artigo, https://www.businessinsider.com/birth-of-consumer-culture-2013-2?r=US&IR=T.

3. David Foster Wallace, citado em Jenna Krajeski, "This Is Water", *New Yorker*, 19 de setembro de 2008, https://www.newyorker.com/books/page-turner/this-is-water.

4. "Historical Timeline — Farmers and the Land", https://www.ag-classroom.org/gan/timeline/farmers_land.htm.

5. Wendell Berry, "The Agrarian Standard", *Orion Magazine*, https://orionmagazine.org/article/the-agrarian-standard/.

6. Viktor Frankl, *Man's Search for Meaning* (1959; Boston: Beacon, 2006).

7. Olga Fin, "Shabbat Candles in Auschwitz", *Chabad.org*, acessado em 1 de maio de 2019, https://www.chabad.org/library/articlecdo/aid/1457723/jewish/Shabbat-Candles-in-Auschwitz.htm.

8. Warren Farrell e John Gray, *The Boy Crisis* (Dallas: BenBella, 2018).

9. Chip Brown, "The Many Ways Society Makes a Man", *National Geographic*, janeiro de 2017, https://www.nationalgeographic.com/magazine/2017/01/how-rites-of-passage-shape-masculinity-gender/.

Capítulo 3: Música do Caos

1. Orison Swett Marden, *Wisdom and Empowerment*, https://books.google.com/books?id=5HNODwAAQBAJ&pg=PT1028&lpg=PT1028&dq=orison+marden+"untiring+energy+and+phenomenal+endurance."&source=bl&ots=arg9KKtuGJ&sig=ACfU3U3uSfRB0IXnw2rQ4N6uN5C6R0sGyw&hl=en&sa=X&ved=2ahUKEwjKuajNtKPiAhUIvZ4KHZnNBjEQ6AEwCXoECAYQAQ#v=onepage&q=orison%20marden%20"untiring%20energy%20and%20phenomenal%20 endurance."&f=false.

2. Maria Popova, "Thomas Edison, Power-Napper: The Great Inventor on Sleep and Success", *Brainpickings*, acessado no dia 2 de maio de 2019, https://www.brainpickings.org/2013/02/11/thomas--edison-on-sleep-and-success/.

3. Citado em Popova, "Thomas Edison".

4. Citado em Popova, "Thomas Edison".

5. Brandon Peters, MD, "What Are the Physical Effects of Sleep Deprivation on the Human Body?" *VeryWell Health*, 14 de março de 2019, https://www.verywellhealth.com/what-are-the-physical--effects-of-sleep-deprivation-3015079.

6. National Institutes of Health, "Sleep Deprivation Increases Alzheimer's Protein", *NIH Research Matters*, 24 de abril de 2018, https://www.nih.gov/news-events/nih-research-matters/sleep-deprivation-increases-alzheimers-protein.

7. Rachel Cooke, "Sleep Should Be Prescribed: What Those Late Nights Out are Costing You", *The Guardian*, 24 de setembro de 2017, https://www.theguardian.com/lifeandstyle/2017/sep/24/why--lack-of-sleep-health-worst-enemy-matthew-walker-why-we-sleep.

8. Seth Maxon, "How Sleep Deprivation Decays the Mind and Body", *Atlantic*, 30 de dezembro de 2013, https://www.theatlantic.com/health/archive/2013/12/how-sleep-deprivation-decays-the-mind--and-body/282395/.

9. Rossie Izlar, "Crop Rotation, Grazing Rebuilds Soil Health", *American Society of Agronomy*, 7 de março de 2018, https://www.agronomy.org/science-news/story/crop-rotation-grazing-rest-promotes-soil-health.

10. C. S. Lewis, *O Sobrinho do Mago*, p. 14.

Capítulo 4: Por que o Silêncio É Tão Barulhento

1. Marco, "Japanese Sensory Gating Study Reveals Profound Cognitive Deficits Present in Chronic Fatigue Syndrome", *Healthrising.org*, 28 de julho de 2013, https://www.healthrising.org/blog/2013/07/28/japanese-sensory-gating-stud-reveals-profound-cognitive-deficits-present-in-chronic-fatigue -syndrome/.

2. L. A. Jones, et al., "Cognitive Mechanisms Associated with Auditory Sensory Gating", *Brain and Cognition* 102 (2016): 33–45, https://www.ncbi.nlm.nih.gov/pmc/articles /PMC4727785/.

3. Cara Buckley, "Working or Playing Indoors, New Yorkers Face an Unabated Roar", *New York Times,* 20 de julho de 2012, https://www.nytimes.com/2012/07/20/nyregion/in-new-york-city-indoor-noise-goesunabated.html.

4. Citado em Buckley, "Working or Playing", *New York Times.*

5. "In New York City Indoor Noise Goes Unabated", *New York Times,* 20 de julho de 2012, https://www.nytimes.com/2012/07/20/nyregion/in-new-york-city-indoor-noise-goesunabated.html.

6. Alex Ross, "When Music Is Violence", *The New Yorker,* 27 de junho de 2016, https://www.newyorker.com/magazine/2016/07/04/when--music-is-violence.

7. Katherine Bouton, "Silence Is Noisy", *Science Friday,* 13 de fevereiro de 2013, https://www.sciencefriday.com/articles/silence-is--noisy/.

8. Henri Nouwen, *The Essential Henri Nouwen*, ed. Robert A. Jonas (Boston: Shambala, 2009), p. 100.

9. Nouwen, *Essential*, p. 100.

10. Henri Nouwen, *The Way of the Heart*, p. 27–28.

11. Graham Winfrey, "4 Ways Mr. Rogers Forged Deep Relationships with Everyone He Met", *Inc.com*, https://www.inc.com/graham--winfrey/mr-rogers-documentary-wont-you-be-my-   neighbor.html.

12. Elaine Woo, "From the Archives: It's a Sad Day in This Neighborhood", *Los Angeles Times*, 28 de fevereiro de 2003, http://www.latimes.com/local/obituaries/la-me-fred-rogers-20030228-story.html.

13. Citado em Chris Higgins, "Watch Mister Rogers Accept His Lifetime Achievement Emmy (and Get Ready to Cry at Work)", *Mentalfloss*, 7 de maio de 2018, http://mentalfloss.com /article/27237/mister-rogers-and-his-lifetime-achievement-emmy-get--ready-cry-work.

14. "The Man Trying to Save Silence", https://www.youtube.com /watch?v=jAgCeyW8iTA.

Capítulo 5: O Poder do Não

1. Ian P. Beacock, "A Brief History of (Modern) Time", *Atlantic*, 22 de dezembro de 2015, https://www.theatlantic.com/technology/archive/2015/12/the-creation-of-modern-time/421419/.

2. Nicolette Jones, "Ruth Belville: The Greenwich Time Lady by David Rooney—review", *Telegraph*, 26 de novembro de 2008, https://www.telegraph.co.uk/culture/books/non_fictionreviews/3563649/Ruth-Belville-the-Greenwich-Time-Lady-by-David-Rooney-review.html.

3. Richard Swenson, *Margin: Restoring Emotional, Physical, Financial, and Time Reserves to Overloaded Lives* (Carol Stream [Iliinois]: Tyndale, 2004).

4. "Why Do We Overcommit? Study Suggests We Think We'll Have More Time in the Future Than We Have Today", *Science Daily*, 17 de fevereiro de 2005, https://www.sciencedaily.com/releases/2005/02/050211084233.htm.

5. David Brooks, "Five Lies Our Culture Tells", *New York Times*, 15 de abril de 2019, https://www.nytimes.com/2019/04/15/opinion/cultural-revolution-meritocracy.html.

6. Jeremy Benstein, "Stop the Machine! The Sabbatical Year Principle", *My Jewish Learning*, acessado no d ia 6 de maio de 2019, https://www.myjewishlearning.com/article/stop-the-machine-the-sabbatical-year-principle/.

7. Benstein, "Stop the Machine!" *My Jewish Learning*.

8. Seneca, *On the Brevity of Life* 3.1–2, citado em Ryan Holiday e Stephen Hanselman, *The Daily Stoic* (London: Profile, 2016).

Capítulo 6: O Dom do Deserto

1. Jonathan Martin, *Prototype* (Carol Stream [Illinois]: Tyndale, 2013), contracapa.

2. John Mark Comer, "Practices of Silence and Solitude: Jesus and the Lonely Place", sermão feito na Igreja Bridgetown, em Portland, Oregon, no dia 15 de janeiro de 2017, https://bridgetown.church/series/silence-solitude/.

3. Discurso de Fred Rogers, Orador de Destaque e Receptor de Diploma Honorário, 2001, Universidade Marquette, https://www.marquette.edu/universityhonors/speakers-rogers.shtml.

Capítulo 7: Um Dia de Resistência

1. Steve Crawshaw e John Jackson, "10 Everyday Acts of Resistance That Changed the World", *Yes Magazine*, atualizado em 22 de novembro de 2016, https://www.yesmagazine.org/peoplepower/10-everyday-acts-of-resistance-that-changed-the-world.

2. Falo sobre esse conceito com muito mais detalhes no meu livro *It's Not What You Think*.

3. James Clear, *Atomic Habits* (Nova York: Random House, 2018), p. 141–44.

Capítulo 8: Empatia

1. Benjamin Franklin, citado em Sebastian Junger, *Tribe: On Homecoming and Belonging* (Londres: HarperCollins UK, 2016), p. 2–3.

2. Franklin, citado em Junger, *Tribe*, p. 2–3.

3. Junger, *Tribe*, p. 2–3.

4. Junger, *Tribe*, p. 9.

5. "Milhares de europeus são indígenas e não temos exemplos de que um desses aborígenes tenha a chance de se tornar um europeu. Deve haver em seu vínculo social algo singularmente cativante e muito superior a qualquer coisa vangloriada entre nós", lamentou o emigrante e escritor francês naturalizado americano J. Hector St. John de Crèvecoeur.

6. Steve Kornacki, entrevistado por Zoe Chace no episódio 662 de *This American Life*, "Where There Is a Will", https://www.thisamericanlife.org/662/transcript.

7. Isso não quer dizer que a política antes de Newt fosse perfeita. De fato, o outro lado da moeda era verdadeiro há muito tempo; era um clube de cavalheiros onde nada realmente era feito ou qualquer coisa passional era muito falada, criando o espaço para Newt preenchê-lo com sua nova marca de política de identidade. O que, a propósito, não é totalmente novo. Não esqueçamos

da retórica incrivelmente cheia de ódio de Andrew Jackson ou o fato de Thomas Jefferson uma vez contratar um jornalista para trabalhar em tempo integral apenas caluniando seu oponente John Adams no jornal. Mas é claro que houve um ressurgimento iniciado em 1979 por Newt, o que a tecnologia, a imprensa e nossa cultura espalharam posteriormente como chamas de consumo.

8. Andrew Sullivan, "America Wasn't Built for Humans", *New York Magazine*, 18 de setembro de 2017, http://nymag.com/intelligencer/2017/09/can-democracy-survive-tribalism.html.

9. Eric Mack, "Forget Dying and Public Speaking: Here's the 47 Things Americans Fear More in 2017", *Inc.com*, 27 de outubro de 2017, https://www.inc.com/eric-mack/forget-dying-public-speaking-heres-47-things-americans-fear-more-in-2017.html.

10. Mack, "Forget Dying", *Inc.com*.

11. Salmo 118:6.

12. Citação inspirada por: Kosuke Koyama, *Three Mile an Hour God* (SCM Press, 2015), https://www.amazon.com/Three-Mile -Hour-Kosuke-Koyama/dp/0334054214.

Encerramento

1. Adam Chandler, "Why Do Americans Move So Much More than Europeans?" *Atlantic*, 21 de outubro de 2016, https://www.theatlantic.com/business/archive/2016/10/us-geographic-mobility/504968/.

Projetos corporativos e edições personalizadas
dentro da sua estratégia de negócio. Já pensou nisso?

Coordenação de Eventos
Viviane Paiva
viviane@altabooks.com.br

Assistente Comercial
Fillipe Amorim
vendas.corporativas@altabooks.com.br

A Alta Books tem criado experiências incríveis no meio corporativo. Com a crescente implementação da educação corporativa nas empresas, o livro entra como uma importante fonte de conhecimento. Com atendimento personalizado, conseguimos identificar as principais necessidades, e criar uma seleção de livros que podem ser utilizados de diversas maneiras, como por exemplo, para fortalecer relacionamento com suas equipes/ seus clientes. Você já utilizou o livro para alguma ação estratégica na sua empresa?

Entre em contato com nosso time para entender melhor as possibilidades de personalização e incentivo ao desenvolvimento pessoal e profissional.

PUBLIQUE
SEU LIVRO

Publique seu livro com a Alta Books. Para mais informações envie um e-mail para: autoria@altabooks.com.br

CONHEÇA OUTROS LIVROS DA **ALTA BOOKS**

Todas as imagens são meramente ilustrativas.

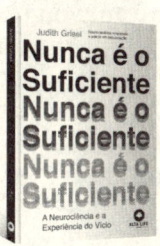 

 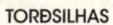 

Este livro foi impresso nas oficinas gráficas da Editora Vozes Ltda.,
Rua Frei Luís, 100 – Petrópolis, RJ.